JN200788

4か月で結婚するか？　10年後も独身のままか？

10年婚活理論

マミィ著

プロローグ

この本を手に取ったあなたは、いくら婚活アプリに登録しても、「いいね」をもらえても出会いに至らなかったり、出会えてもピンとくる人でなかったり、自分の好みでなかったり、お付き合いが始まっても、その男性のことが信じられなくなったり、自分に自信が持てずに別れを決意したりしているのではないでしょうか。

私は10年婚活をしたのちに、最高のパートナーに出会い、幸せな結婚をしました。そして、その経験をもとに、現在「婚活させない婚活アドバイザー」として活動しているマミィと申します。

私が主宰する継続講座「HAPPY婚講座」は、脳科学、量子力学、男性心理、マインド、テクニックをお伝えしながら、幸せな結婚はもちろん、収入アップ、ビジネス成功まで可能な講座です。講座生の中には、お付き合い2週間でプロポーズされた女性、年収が500万円上がった女性、起業してお客様が途切れない女性が多くいらっしゃいます。

募集をすれば、あっという間に満員御礼、日本全国から「HAPPY婚講座」を受けにきてくださいます。

人気の理由は、私が婚活10年選手だったから（笑）。

「マミィさんだったら、私の気持ちを理解してくれるのかもしれない、私の気持ちに寄り添ってもらえるのかもしれない、婚活10年やっていても結婚できるんだ！」「その方法を聞きたい！」と、20代から50代まで幅広い年齢層の女性に来ていただいています。

そう、婚活を10年やっていたので、酸いも甘いもすべてを経験しているからこそ、私は的確なアドバイスができるのです。

私が婚活を始めたのは、28歳の時に婚約者に5股され、婚約破棄になった時です。

なぜ5股がわかったのか？

もちろん、携帯電話です。

彼と一緒に住み始めた私は、明け方、緊急の用事で電話しなくてはならない時、自分の携帯が使えない状態だったので、寝ている彼を起こし、携帯を貸してほしいと伝えました。

ところが、用事を済ませ携帯を切ろうとした瞬間に、「昨日は楽しかったね。腕枕もありがとう」というメッセージを目にしたのです。

そういえば、昨日、彼が帰ってきたのは遅かった、とザワザワする気持ちでメール受信箱を開いたところ、何人かの女性とのやり取りを発見したのです。

寝耳に水というか、頭の後ろをハンマーでガツンと叩かれたような感じ。一瞬にして私は地獄に落とされました。

まさか、まさか、まさか、私が浮気されるなんて。しかも少なくとも5人の女性とのやり取り。しばらくボーッとしていた私から、起きた彼は携帯を奪い取りました。

「ごめん、メール見ちゃった」という私の言葉に、「ごめんなさい。もうしないです」と頭を下げる彼。ずっと土下座をしていたのを覚えています。


それから、夜遅くに帰らないという約束をしてくれたのにも関わらず、何度も明け方頃に帰ってくる彼を、私はもう信用できなくなってしまったのです。

彼と一緒に住み始めたのが4月。夏には一緒に私の実家に行こうと話していました。けれど、何度も約束を破る彼と一緒に歩いていくイメージが持てなくなってしまった私は、クリスマスイブに彼との別れを決意しました。

「私は彼の5股を許そう。ただ、彼とは離れよう」という気持ちで、クリスマスイブに彼と握手をして、次の日、彼が仕事に出て行った後に、引越しをしました。

女は決断すると早いし、とんでもないパワーが生まれるんですよね。そんな自分にびっくりしたけど、とにかく彼と離れたいという気持ちが強かったんです。

それから、くしくも、ちょうど10年後のクリスマスイブに、今の夫とのお付き合いが始まりました。


ただ、ここまでの10年間は本当に長かった。辛かった。苦しかった。

結婚なんて簡単にできると思っていたのに。

そう、5股の彼と別れて10年間「結婚できない病」に悩んだのです。


5股された影響か、自分に全く自信が持てず、誰かとお付き合いすることが怖かったり、誰かとお付き合いしても、その誰かから罵倒されたり、軽んじられたり、粗末に扱われたりが続きました。

彼からの愛が信じられず、メールの返信がない、電話がつながらない、約束の日に会えないとなると、彼からの応答があるまでメールをし続け、電話をし続け、夜中に彼の家に押しかけたりして、彼の浮気の証拠を握ろうとしたりもしました。

そして、男性は浮気する生き物だから、誰かのセカンドでいたほうが傷つかないですむと既婚者を好きになったり、自分が好きになった人でないと付き合えないと暗示をかけ、自分のことを好きな魅力的な男性との恋を逃したり、まあ、散々な10年間でした。

そんな、自己否定ばかりで自信が持てず、私は本当に結婚できるのだろうかと自分の人生に希望が全く持てなかった、「恋愛しくじり痛い女」「結婚崖っぷち女」だった私が、38歳の時に、**思考のクセを変えたら**、3か月で9人の男性から猛烈なアプローチを受け、その中の一人とクリスマスイブからのお付き合い4か月後にプロポーズを受け、**最高にハッピーな結婚**をしたのです!!

なぜ私がアラフォーモテ期を迎え、念願だった「幸せな結婚」を手にすることができたのか、その時に行っていたことを体系化して「HAPPY婚講座」でお伝えしていますが、この本の中でもわかりやすく説明していきます。

「HAPPY婚講座」を受講した方々は、

・講座を受けて1か月でお付き合いが始まり、その2週間後にプロポーズを受けた。

・男性不信だった女性が、講座終了後にめちゃ自分を愛してくれる男性と入籍した。
・８年間彼氏ナシの状態から、講座開始１か月で、理想通りの彼から告白された。
・たった１か月で４名の男性から猛烈なアプローチを受けた。
・２年間、結婚を切り出さなかった彼から結婚の話を持ち出された。
・離婚して傷心していた女性にすぐ彼氏ができた。
・講座開始たった１週間で、２人の素敵な男性から告白された。

など、皆さん続々と結果を出しておられます。
なぜ、彼女たちはすぐに結果を出せたのか。
なぜ、彼女たちと違って、苦しい婚活を続ける人がいるのか。
起業して３年で延べ１０００人の女性を見てきた私が、様々な切り口から、

すぐに結婚できる理由
すぐに結婚できない理由

をお伝えしていきます。

私は苦しい婚活を10年もしていたからこそ、婚活をしている方々には、私のように苦しい婚活を10年間もしてほしくない。できれば、**4か月で幸せな結婚してほしい**という思いが強いです。

だからこそ、あっという間に結婚できる方法を惜しみなく伝えていきたいんです。

まずは、婚活に苦しまない準備から。

私は元ボイストレーナーですが、歌う前、話す前に必ず生徒さんと準備体操を行っていました。

いきなり声を出してしまうと、声帯を傷つける可能性があるからです。

婚活だって、いきなり始めると「心」を傷つける可能性があるんです。たくさんの男性と関わっていく、時には繊細な作業になるから、まずは事前準備が大事。

それでは、深呼吸して、第1章から読み始めてみてくださいね。

第2章 婚活に苦しんだ12のパターン

～これさえやめれば大丈夫～

第3章　婚活に苦しむ女性、苦しまない女性
～なぜ彼女たちは結婚が早いのか～

第4章　運命の彼と出会うために、これさえやればいい5つのステップ

第5章　長く苦しい婚活をしていた私が、4か月でプロポーズされた理由

第6章 結婚はゴールではない
～ずっと愛し愛されるために～

第1章

婚活に苦しまない準備

～あなたが最速で結婚するために～

幸せになる覚悟を持ちましょう

もう誰も信じられない。
私なんていないほうがいいんだ。
そんな気持ちにまで追い込まれたことはありませんか？

そして、そんな経験を通じて、私は幸せになる価値がないと、知らず知らずのうちに、心のどこかで烙印を押していないでしょうか。または、幸せになっちゃいけない、不幸な方がちょうどいいとさえ思っていませんか？
不幸な経験をたくさん持っていればいるほど、その不幸に慣れて、さらに幸せから遠のいていく人がいます。

でも、ちょっと待って。
一生、不幸でもいいの？

そんなのイヤですよね。

だって、あなたは幸せになるために生まれてきたのだもの。

正直に本音で生きている女性は美しいです。

もう自分の気持ちに蓋をしないでください。

さらにさらに幸せになっていいのです。


私は、小学校高学年の時にいじめにあっていました。転入した新しい小学校で、成績優秀で目立っていた私は、他の女子から「気に食わない」と言われ、いじめられていました。

その時に、「自分がうまくいくと周りからいじめられる」と強烈に感じて、それからは自分の言いたいことは我慢して、目立たないように、誰からも嫌われないように生きてきました。

婚活9年目まで、他の人の顔色を見ながら生活し、恋愛だといつも男性に言われるがままで、自分の本音は押し殺していました。

ずっとずっと「自分なんて」という意識で生きていたので、自分は幸せになっちゃいけないと心のどこかで思っていたのでしょうね。だから、婚約者に5股されて、婚約破棄なんてことが起きる。結婚できないような環境に自ら陥るようになってしまう。

私は本当は幸せな結婚をしたいはずなのに、なぜかそこから遠ざかっていく。遠ざかろうとしている自分に気づいたんです。

「あ、もしかして私、幸せになるのが怖いのかも」

「自分で自分に幸せになる許可を与えていない」

そんな私が婚活に10年向き合うことで、自分の本音は、「もっともっと幸せになりたい！」だということに気づいたのです。

自分の本音に気づいてからは、幸せな結婚をつかむまでは本当に早かった。

あなたも「もっともっと幸せになりたい、幸せな結婚がしたい！」そう思ったから、この本を手に取ったのですよね。であれば、惜しみなく、自分に「幸せの許可」をあげてください。不幸より幸せを選ぶ！と決めてください。

あなたは、もっともっと、どんどん幸せになっていいのです!!

そして、まずは自分が自分を幸せにする！と決めて、読み進めていってくださいね。

Mammy's theory 1

幸せに上限はつけないで！もっともっと求めていいんだよ。

婚活10年続ける人

「これくらいがちょうどいい」と幸せに鈍感。

4か月で結婚する人

「もっともっと幸せになっていい」と幸せを追求。

まずは自分と結婚しましょう

以前、心理学の先生が言っていた言葉が今でも私の心に残っています。

「僕は自分と結婚したので何も怖くない。いつも幸せでいられる」


自分と結婚するってどういうことなのでしょう。

自分と結婚するというのは、どんなときでも自分に寄り添って、自分の味方になること、自分の価値を認めること、すべての自分を受け入れること、自分のすべてを許すことだと私は理解しています。


男性に対して、「あなたに幸せにしてもらいたい」ではなく、「あなたを幸せにすることもできる」と言える余裕のある女性が、これからの時代は求められてくると思います。

常に誰かに愛されることだけを求めるのではなく、まずは自分を自分で愛すと決めて、自分の心は自分で満たしていくだけで、驚くほど、婚活は楽になります。

なぜなら婚活は、他者からの評価に傷つくのものだから。

まずは、

私だけは私を愛す、と誓ってください。
どんな私もです。

私が私の応援団長、そんな気持ちから「婚活」はスタートさせてほしいのです。

Mammy's theory 2

自分と結婚できた先に、
どんな自分も受け入れてくれる
パートナーとの出会いがある。

婚活10年続ける人

イヤな自分は受け入れられない。

4か月で結婚する人

どんな自分も受け入れている。

苦しい婚活ならやめましょう

あなたは婚活を楽しんでいますか？　それとも苦しいですか？

もし、婚活が苦しく感じるのであれば、少しストップしてください。

苦しいまま続けていても、苦しい現実が続くだけ。


結婚相談所、婚活パーティー、お見合いに行きまくっていた婚活3年目の私、出会っても出会っても心から好きだと思える男性に出会えないし、何となくいいなと思っていた男性からは急に連絡が来なくなるし、もう踏んだり蹴ったりで、とにかく自信喪失でした。

そんな時です。さらに私を苦しめる出来事が！

苦しい、苦しいと言っていたら、免疫力が衰えて帯状疱疹になるわ、ストレス発散のつもりで行ったディズニーランドで、スペースマウンテンに3回乗って怖くてギャーギャー叫びすぎて声帯結節（声帯にタコができて声が出しづらくなる症状）になってしまったのです。

まさに負のループ。苦しい現実が、苦しい現実を呼んだ結果ですね。

あなたは、過去の私のように負のループにはまりたいですか？


あなたの過去の成功体験を思い出してみてください。

成功するまで、苦しんでいましたか？

稀に苦しさのみを感じながら成功する方もいますが、うまくいく時って、努力を努力と感じずに楽しんでいたら、いつの間にか叶っていたということが多いような気がしませんか？　リラックスして楽しみながら取り組むことで、うまくいったという方が多いはず。

そう、婚活も同じ。


婚活が苦しいのであれば、少し休憩して、気分転換してください。

自分自身をリラックスさせてください。自分がホッとできる空間に行き、自分を癒してくれる何かに触れることで、たくさんの「エネルギー」をもらってください。

量子力学によると、「この世にあるものはすべて、一番小さく分解すると「素粒子」という粒になる」とあります。素粒子＝エネルギーです。

このエネルギーは、人間の体にも、机や椅子という物体にも、そして目に見えない意識や思考にもあるといわれています。そう、この世にあるものすべてエネルギーなんですね。

簡単に言うと、放ったエネルギーと同等のエネルギーが返ってくるといわれているのです。

苦しいエネルギーを放てば、苦しい現状がやってくるし、楽しいエネルギーを放てば、楽しい現状がやってくる。

だからこそ、**常日頃、自分がどんなエネルギーを放っているのかが、非常に重要**なのです。

あなたが普段放っているものは、不安、焦り、ネガティブ思考ですか？それとも、安心、リラックス、ポジティブ思考ですか？

安心、リラックス、ポジティブ思考になるには、どうしたらいいのでしょうか？

私だったら、美味しいものを食べる。会いたい人に会いに行く。自然に触れる。旅に出る。

あ、大好きなビールを飲む！もありました！飲み過ぎ注意！（笑）

でも、本当は、あなたがどうしたら安心、リラックス、ポジティブ思考になれるかは、あなたが一番よく知っているはず。

安心、リラックス、ポジティブ思考＝「自分の好きなことをする」です。

では、「自分の好きなもの」を50個書き出してみてください。

書き出したら、その中からすぐにできそうなもの、今すぐやりたいものからやってみて。好きなことをするのは、自分のエネルギーを回していく潤滑油。

Work

自分の好きなものを 50 個書いてください。

そして、運命の人に出会いたいのであれば、自分のエネルギーを大きくすることが一番なのです！
内側から光り輝いている女性を男性は放っておきません。

Mammy's theory 3

うまくいかない時、物事が滞っている時こそ、気分転換！

婚活10年続ける人

婚活を苦しく感じても、
苦しいまま婚活を続けてしまう。

4か月で結婚する人

婚活を苦しく感じたら、
今すぐ婚活をやめて、休憩して気分転換する。

結婚していない理由は何？

突然ですが、あなたが結婚していない理由は何でしょうか。

世の婚活本には、結婚したい理由を書いて自分の気持ちを明確化するように、と書かれてありますが、結婚していない理由を書けなんて、まあ、ありませんよね？

だから、今の自分が結婚していない理由をわかっていない方がほとんどなのです。

今の自分の状態をわからないということ。自分がわからない状態で婚活しているということ。それは、飛行機が離陸する前にどういう状態かチェックしないで離陸しようとしている状態と似ています。自分の状態をわからずに飛び立つから、２年、３年、５年、10年と婚活が続いていくのです。

だから「整備点検＝自分の状態を知る＝なぜ自分が結婚していないのかを知る」のは、とても大事なことなのです。

まずは、自分が結婚していない理由を書き出してみてください。

ちなみに、私の場合は、婚活10年目に書き出したものとして、
・結婚すると自由がなくなるから
・結婚したら家事をしなくてはならないけど、家事ができないから
などがありました。


でも、これらは全部思い込みなんです。

だって、今の私は、結婚しても子どもがいても、とても自由です。私が家事をあまりしない分、夫が行ってくれます。

あなたも過去の私と同じように、たくさんの思い込みを持っていませんか？

気づいている範囲でいいので、自分の中の思い込みを書き出し、その思い込みを、「結婚できる理由」に変換してみてください。


あなたの中の思い込みが願望成就の邪魔をしている、いわゆるブロックしている状態です。まずは、ブロック外しから始めましょう。

Work

① あなたが結婚していない理由を書き出してみてください。

例：年齢が高いから

② ①の理由を、結婚できる理由に書き換えてください。

例：年齢が高くなってから結婚した人もいる

Mammy's theory 4

思い込みを外し、最短最速で幸せな結婚をしよう！

婚活10年続ける人

自分の中の思い込みを払拭できずに悶々としている。

4か月で結婚する人

自分の中の思い込みを外し、「私は私」の気持ちで生きている。

婚活に疲れてもどんどん綺麗になる魔法

先ほど、不要な思い込みを書き換え、外す練習をしていきました。

今度は、あなたにとって嬉しい思い込みを植え付けて、婚活や人生を楽しむための方法を伝えていきますね。


私は、本当に今まで様々な思い込みに苦しんで生きてきました。

10年間の婚活中は特に、次のような世間の思い込みを信じ、優先させて、自分の本当の思いを置き去りにしていました。

「35歳過ぎたら、年下男性は相手にしてくれないから、年上男性と結婚すべき」

「尽くす女性が愛される」

婚活10年目に、私はこれら世間の思い込みを捨て、**自分の思いを大切にする生き方にシフトチェンジしていくことを試みたのです。**

だって、35歳過ぎて年下の男性と結婚している女性はたくさんいますし（私の場合も、夫は6歳下です）、尽くし過ぎて、女性が我慢して常にイライラしているより、気持ちが満たされ、女性がニコニコ笑っていたほうが男性だって嬉しいですものね。

HAPPY婚講座生たちも、

「イヤなことがあったら、運命の人に出会える」

「ありがとうと言えば言うほど、誰かから愛される」

という新しい思い込みを作って、どんどん綺麗になって、どんどん男性から愛されています。講座開始1か月で、素敵な彼氏ができた方は何十人もいます。


あなたが自分に植え付けたい、新しい思い込みは何ですか？

Mammy's theory 5

思い込みがあなたの人生を作ります！

婚活10年続ける人

イヤなことが起こったら、
さらにイヤなことが起こると思い込む。

4か月で結婚する人

イヤなことが起こったら、
運命の人に出会える！　と思い込む。

「結婚できないかも」がおそってきた時は

講座生からの質問で一番多いのが、「結婚できないかもという不安がおそってきたら、どうすればいいのでしょうか」というもの。

婚活中は、本当に本当に真っ暗いトンネルの中をずっと一人で歩いているような気分でした。だから、彼女たちの質問は痛いほどわかるのです。

でも、安心してください!!

ちょっとした考え方のコツなんですよね。

どうしても叶わせたい願いがある時って、「もし、これが叶わなかったら、どうしよう」と、「今」を否定して「未来」の不安ばかり抱いているのです。

婚活9年目の37歳の時、それまで1年間お付き合いした彼と別れた時に、「こんな現実はイヤだ！ 35歳過ぎての別れなんて辛すぎる！ 結婚できなかったら、出産できなかったらどうしよう」と、できないことばかり考えていたので、「できない」が現実になっていきました。

「できない」ことばかり考えていると、「できない理由」「できない証拠」を脳が集めたがり、結局「できない」「叶わない」現実が作られるのです。

常に考えていることが具現化するといわれる世界です。

結婚できない状態を「悪」にするのではなくて、結婚していない今のいい部分を書き出してみましょう。

・自由な時間がある。
・一人で好きに使えるお金がある。
・素敵な友人がいる。

「結婚が叶わなくても、私って幸せなんだな」と思えると、少し気が楽になります。

「叶っても叶わなくても、どちらでもいいけど、できれば叶えたいな」くらいのほうがうまくいきます。

あなたにとって、最善最高のタイミングで願いは叶っていくわけだから、安心して、願いが叶うまでのタイムラグを楽しみましょう。

Mammy's theory 6

「今」を幸せにとらえることが「未来」の幸せにつながる。

婚活10年続ける人

結婚していない今の状況を否定している。

4か月で結婚する人

結婚していない今の状況も楽しんでいる。

自分への質問を変えるだけで婚活がうまくいく

脳は、１日に６万の思考が通り抜けるといわれています。

そしてその６万の思考のうちの95％（約５万7000）は前の日と同じ。さらに95％のうちの80％（約４万5600）はネガティブなことであるともいわれます。

ただでさえ、放っておいてもネガティブな思考になるのに、さらにそのネガティブ思考を加速させる方法があります。

それは、自分への質問。

例えば、

「なんで私は結婚できないんだろう」

「どうして、私はいつも恋愛で失敗するんだろう」

こんな質問をすることで、あなたの脳は、あなたがうまくいかない理由を探し始めます。

・私の年齢が高いからだ。
・私の容姿が良くないからだ。
・私の学歴が良くないからだ。

結果、「私には魅力がなくて、いつまでも結婚できない」という結論に落ち着くのです。
そう、いつまでも結婚できないと、自分で自分に思い込みをかけていくのです。

じゃあ、どうすればネガティブ思考から抜け出し、最短で結婚できるのか。
自分への質問を変えることです。

どうして私は結婚できるのか。

すると、脳は自分がうまくいく理由を探し始めます。
あなたが結婚できる理由を書き出してみましょう。
・笑顔がステキだから
・前向きに生きているから

・一生懸命に仕事をしているから

実際、私のお客様の中には、自分への質問を変えたところ、わずか３か月で運命の彼と出会い、その半年後に結婚が決まった方もいらっしゃいます。

Mammy's theory 7

毎日の自分への質問を変えるだけで、うまくいく。

婚活10年続ける人

なんで結婚できないのだろう？　とうまくいかない理由を探している。

4か月で結婚する人

どうして結婚できる？　とうまくいく理由を探している。

幸せな結婚をするための最強マインド

幸せな結婚をするための最強マインドは、もう「そうなっている！」状態に浸ること。
つまり、「幸せな結婚が叶った自分」で生きるというもの。

幸せな結婚をしているあなたは、
どんな気分ですか？
どんな表情ですか？
どんな服を着ていますか？
どんな呼吸をしていますか？
どんな言葉を使っていますか？
これらをイメージして、もう「幸せな結婚をした私」で生きてみてください。

幸せな結婚をしている女性の気持ちがよくわからないという方は、幸せな結婚をしている女性に会いに行って、その女性の気持ちや風貌をインストールしてみてください。

特に大切なことは、**「幸せな結婚をした」という気分を先に味わうこと。感情の先取りです。**

私は結婚前に、幸せな結婚している人と同じ気分を味わおうとして、左手の薬指に指輪をしていたことがあります。

朝、１秒間だけ、左手の薬指に指輪をはめて、「あー、結婚した！　幸せ♡」と、幸せな結婚している感覚を味わっていたのです。

何で１秒間なのかというと、それ以上は心が拒絶反応を起こしてできなかったからです。10年も婚活していて、私は呪われているから、絶対に結婚はできないと思い込んでいたので、１秒以上、薬指にはめることができませんでした。

でも、毎日１秒でも１か月で30秒。私はそれを３か月くらいやり続けました。その後に待っていたのは、運命の彼とのお付き合い。

さあ、気分を味わいましょう

幸せな結婚をしたあなたは、どんな私ですか？

Mammy's theory 8

願いが叶った時に、どんな感情を得ているのかまずはイメージしてみて。

婚活10年続ける人

願いが叶った時に得られるであろう「感情」を味わうことなく、常に今の感情に左右されている。

4か月で結婚する人

願いが叶った時に得られるであろう「感情」を先に味わっている。

第2章

婚活に苦しんだ12のパターン

～これさえやめれば大丈夫～

好きでない人に好かれ、好きな人には好かれない

さあ、幸せになるために、まずは次ページのリストのうち、あてはまるものにチェックしてください。


あなたはいくつあてはまりましたか？

婚活9年目までの私は、これらすべてにあてはまっていました。そう、これらすべてのパターンが、婚活が長引く理由なのです。

では、このようなパターンからどう脱却していけばいいのかを伝えていきますね。


まず、「好きでない人に好かれ、好きな人には好かれない」パターンの場合は、好きな人に軽いエネルギーを出すことが大切。

彼が好きだという気持ちは大切にしつつも、彼を自分の上に置かないことが大事なのです。

幸せになるためのチェックリスト

- □ 1. 好きでない人に好かれ、好きな人には好かれない
- □ 2. いつまでも過去の恋愛が忘れられない
- □ 3. 自分の年齢が気になって、積極的にアプローチできない
- □ 4. 相手の悪い面ばかりが気になり、なかなかお付き合いに発展しない
- □ 5. 本当はクレクレかまってちゃんの私
- □ 6. つい○○すべきだと思ってしまう
- □ 7. 不倫をやめられない
- □ 8. 相手の条件にこだわり、損得勘定で考える
- □ 9. 男性にひどい扱いをされる恋愛パターンを繰り返す
- □ 10. 口癖がいつもブス女
- □ 11. 悲劇のヒロインを演じようとする
- □ 12. お付き合いや結婚が怖くて、いつも自分から逃げてしまう

人を好きになるのは素晴らしいことだけど、好きになるとつい「あの人は私のことを好きになってくれるのかしら」「あの人から連絡来ないのはなんでかしら」「あの人のことばかり考えて苦しくなる」などなど、婚活9年目までの私のように、自分より相手の気持ちが気になって、負のエネルギーを感じる人も多いのではないでしょうか？

手に入れたいが故のことですが、そこばかりにこだわってしまうと、本当に辛いし、苦しい。「彼が好き」という気持ちより、「彼と両想いになれていない自分が苦しい」のほうが強くなる。そうすると、どんどん重くなりますよね。彼へのＬＩＮＥも、彼と会った時も。

だから、誰かを好きになった時は、「好きにさせてくれてありがとう」って、彼を好きな気持ちを楽しみながら、彼のために何ができるのか考えてみたり、その気持ちが重くならないように他の男性とも会ってみたり、自分が没頭する事に夢中になってみたりと、うまく気分転換しながら、軽いエネルギーでいるのです。

好きでない人から好かれた時は、「こんな男性ばかりやってきて最悪」ではなくて、「自分の話ばかりする男性はイヤ」→「私の話もちゃんと聞いてくれる男性がイイ」のように、好みじゃない男性から好みの男性をより明確化するのです。

「これいらない、あれいらない」と、婚活9年目までの私のように言い続けていたら、恋愛の神様は応援してくれませんよ！

そして、好みでない男性は、本命の男性とお付き合いするための練習試合だと思って！

いざ、自分好みの男性と会うことになっても、さほど緊張せず、リラックスできます。

ただ、好みでない男性の中にも「ダイヤの原石」がいるかもしれないことは忘れずに‼

Mammy's theory 9

恋愛の神様を味方につけましょう！

婚活10年続ける人

絶対に自分の好きな人でないと結婚できないと思い込んでいる。

4か月で結婚する人

好きな人だけでなく、縁のある男性とのつながりも大切にしている。

いつまでも過去の恋愛が忘れられない

「どうしても過去の恋愛にとらわれ、前に進めないんです」

「数年前に付き合っていた彼のことが忘れられずに、彼以上の男性と出会える気がしません」

過去の彼や好きだった人に執着している女性はとても多いです。もちろん、私もそうでした。

でも、忘れようとすればするほど、忘れられないですよね。そんな時は、忘れられない自分に許可を出してあげてください。いいじゃないですか、忘れなくても。

「もう終わっているとわかっているのに、LINEを送ってしまって、彼から既読スルーされたり、ブロックされたりして傷ついた」

こんな声も聞きますが、いいじゃないですか、自分の気持ちに従って送ったのですから。

「その瞬間、自分がやりたいことを素直に実行できた自分ってすごい！」

と気持ちを変換することをお勧めしています。

あくまで自分の気持ちに寄り添えている自分に、ＯＫを出してほしいのです。

だから、特定の人に対して執着バリバリであってもいい！　その人にどんどんＬＩＮＥを送ってもいい！　自分がやりたいことをやらせてあげてください。

まずは執着する自分を許してあげてください。

私は「グーパー理論」と呼んでいるのですが、グーと握り締めた後にパーと開くことによって、身体がリラックスしますよね。願いが叶うのは、このリラックスした時なんですよね。

とことん何かに執着して、もういっか、と手放した途端に、うまくいく経験ってありませんか？　やり切った後に、やったことさえ忘れてリラックスしている時に朗報はやってきます。

そのリラックスしている時は、焦りもおそれもないからです。

焦りやおそれを感じていると、「放った感情が返ってくる」

そう、エネルギーの法則で、どうしても焦りやおそれ現象が続いていくのです。

執着している自分を責めずに、まずは執着している自分を認めることが大切です。

そして、過去の恋愛が忘れられない自分を許しながら、「次はこんな自分でこんな恋愛をする！」と決めてくださいね。

さあ、考えてください。

あなたは、次はどんな自分で、どんな恋愛がしたいですか？

Mammy's theory 10

執着を手放せなくて悩んでいるのなら、思い切って執着を握り締めよう！

婚活10年続ける人

過去の恋愛にこだわっている自分が許せない。

4か月で結婚する人

過去の恋愛にこだわっている自分を許し、次はこんなふうにしたい！がある。

自分の年齢が気になって、積極的にアプローチできない

第1章で述べた、「結婚できない思い込み」の中で、私の講座生の中でダントツ1位なのは、「男性は年齢が高い女性を好まない」という思い込みです。

ここで質問です。

婚活アプリに登録する時、本当の年齢で登録していますか？

YES→おめでとうございます！　あとちょっとで、4か月で結婚コースです！

NO　→残念ながら、婚活10年コースです。

なぜなら、婚活10年目までの私は、婚活アプリの年齢を偽って登録していたどころか、男性との飲み会の時も絶対に明かさなかったからです。あの時、逮捕されていたら、私は「年齢不詳の女」として報道されていたでしょう（笑）。

飲み会で年齢を聞かれた時も、「何歳でしょう?」なんて、カマトトぶっていた私。いま考えたら、気持ち悪い。

そんな私だったから、デートしても、男性から聞かれるまでは絶対に年齢は言いませんでした。聞かれても多少サバを読んだ時もあったかも(笑)。

それくらい、「男性は若い女性が好き」というのが、私の根強い思い込みだったんです。

実は、夫は私より6歳下です。出会った時、知人(ボイストレーナー仲間)から彼の年齢は聞いていました。

彼から食事に誘われた時、「この人、私の年齢知ったら、ガッカリするだろうな」と思いながら承諾したのを覚えています。お付き合いするまでに4、5回食事に行きましたが、彼から年齢のことを聞かれなかったので、いつもの調子で私からは話しませんでした。

そして、付き合い始めて2回目のデートの時に、おそるおそる彼に聞いてみました。「私、あなたより年上なんだよね。知ってた?」

すると夫は、「知ってるよ。会う前に○○さん(共通の知人)から聞いてたから。39歳でしょ?」

衝撃が走りました。

この人、私の年齢知ってて誘ってたんだ。しかも、実際の私の年齢より１歳上だと勘違いされてる（当時、私は38歳）。◯◯さんめーーー!!!! と思ったのを覚えています（笑）。でも、本当に嬉しかった。素の自分を受け止めてもらっている安心感が、そこにはありました。

確かに、若い子が好きという男性もいるかもしれないけど、女性の魅力は年齢じゃないと思っている男性もいます。

現に、私の夫は、女性の年齢を本当に気にしない。私が50歳だろうと60歳だろうと好きになっていたといつも言ってくれています。

自分の年齢＝スパイス

年齢を重ねれば重ねるほど経験が増えるので、その経験をもとにさらなる魅力が増えている「スパイス」と自覚してくださいね。

そして、年齢で判断する男性なんて、こちらから願い下げだー!!!! の気持ちでいきましょうね。

Mammy's theory 11

年齢も今までの人生も、自分の誇りとして胸を張って！

婚活10年続ける人

自分の年齢を気にして、男性に対して後ろ向き。

4か月で結婚する人

自分の年齢を気にせず、経験値を自信にして生きている。

相手の悪い面ばかりが気になり、なかなかお付き合いに発展しない

あなたは常に、自分に足りないもの、人の足りないところばかりを見ていませんか？

そして、男性に対してもそうなのではないですか？

そういう癖がある人は要注意です！

完璧な人はこの世に存在しません。何かしら欠けている、足りないものがあっての人間です。その欠けている部分、足りない部分にフォーカスして、そればかり考えていると、あれが足りない、これが足りないと文句ばかりになってしまいます。


婚活がうまくいく人は、不足ではなく、今あるものに目を向けています。

自分のことなら、
・鼻は低いけど、目が大きなところが私のチャームポイント。
・ちゃんと仕事をして生活できてる私って素晴らしいな。

・まだ結婚してないけど、話を聞いてくれる友人がいるって素敵なことだ。
・経済面で不安定かもしれないけど、好きな仕事をして生きてる男性って素晴らしい。
相手のことなら、
・イケメンではないけど、体を鍛え上げてる男性ってすごいな。
・話し上手じゃないけど、ちゃんと私の話を聞いてくれる男性って嬉しい。

こんなふうにとらえて、常にあるものにフォーカスし、自分や他人の豊かさに注目している女性は、結婚も早いです。なぜなら、男性は、自分の持っていないところばかり指摘されて文句を言われて責められていると感じる女性とは、結婚したいと思わないからです。今、自分が持っているものを見てくれて、感謝し、褒めてくれる女性と一緒にいたいはず。だから、まずは自分の足りないものにフォーカスするのではなく、自分が持っているものにフォーカスして、他人の持っているものにもフォーカスするクセをつけていきましょう！

それでは、早速実践です！ 次の2つのことを考えてみてくださいね。

Work

①まず、あなたのイヤなところを1つ書き出し、そのイヤなところを払拭するくらいの良いところを1つ書き出してください。

②最近出会った男性のイヤなところを1つ書き出し、そのイヤなところを払拭するくらいの良いところを1つ書き出してください。

Mammy's theory 12

減点方式でなく、加点方式で！

婚活10年続ける人

自分と他人が持っていないものを数えて生きている。

4か月で結婚する人

自分と他人が持っているものを数えて生きている。

本当はクレクレかまってちゃんの私

「男性から愛されたい」

この気持ちが強くなりすぎると、相手からの愛ばかりを求めすぎてしまう、クレクレかまってちゃんになってしまうのです。

「愛されたい」の気持ちが強すぎて、相手に愛を強制していませんか？

過去の私は、本当に超クレクレかまってちゃん女でした。

「メールは毎日ちょうだい」

「週に3日は会いたい」

「会った時には愛しているの言葉を必ず伝えて」

婚活4年目の秋、飲み会で知り合った男性とのお付き合いが始まって1週間後に私が彼に伝えていたことです。

それから、彼からのメールは一切来なくなりました。彼の中で私は完全に「重い女」になっていたのだと思います。

相手から自分は愛されているんだ、という証拠がほしい。

愛されたい、愛されたい、愛されたい。

結局、自分で自分を愛せていなかったら、他人からの愛で、自分への愛を満たそうとしていたんです。

だって、自分で自分を愛せていたら、他人からの愛がたくさんほしいなんて思わないはず。

クレクレかまってちゃんになりそうになったら、**自分がやりたいことをどんどん自分にやらせてあげて、自分で自分を満たしてあげます。**

あなたが男性からの愛をもらうことばかり気にしているなら、要注意！

男性からの愛をほしがる前に、まずは自分で自分に愛を与えてあげましょうよ。

エネルギーの法則で、自分が自分を愛するから、同じように、自分を愛してくれる男性が現れるんですよ。

Mammy's theory 13

「愛されたい」の前に、自分で自分を愛そう。

婚活10年続ける人

男性に私のこと好き？と求めてしまう。

4か月で結婚する人

「愛しているよ」「大好きだよ」「そのままのあなたでいてね」と相手からかけてほしい言葉を自分にかけている。

ついつい○○すべきだと思ってしまう

婚活が長引く方は、○○すべきという根強い固定概念を外せないことが多いです。

私の場合は、男性から女性をデートに誘うべき、女性は男性に尽くすべき、恋愛は相手に幸せにしてもらうもの、などなどでした。

そして、自分の思った通りに事が進まないと、途端に不機嫌になっていました。

自分が思った通りに進まないのが恋愛です。いろんな障害物が出てきて、それを乗り越えた先に自分も相手の器も広がっていくものなのに、過去の私は思い通りにいかないと、そこでストップさせていたんです。

○○すべきという思い込みが恋愛を苦しくさせているんですよね。

そして、自分の思い込み以外のものがやってきた途端に、「これはほしいものじゃない！」と突っぱねる。

その先に、自分の望むものがやってくるかもしれないのに…。

婚活10年したくない人は、自分の思い込み以外のものがやってきた時に、いったんは受け止めてみてください。そして考えてみてください。

このまま、自分の思い込みで進んだほうがいいのか、自分の中の○○すべきを外したほうが幸せになれるのかどうか。

私のお客様にも、恋人とは週に1回会うもの、土日はデートするもの、男性からプレゼントされるもの、などの思い込みを外して、相手に強制しなくなったら、すぐにお付き合いしている彼からプロポーズされた方がいました。

あなたの次の思い込みを書いてみてください。

《男性とは、の思い込み》
《女性とは、の思い込み》
《恋愛とは、の思い込み》

その思い込みをずっと持ち続けて、婚活を長く続けたいですか？

Mammy's theory 14

思い込みに気づいた時点で、自分にとって不必要な思い込みは外せる！

婚活10年続ける人

「男性とは」「女性とは」「恋愛とは」の自分の思い込みを外せない。

4か月で結婚する人

「男性とは」「女性とは」「恋愛とは」の自分の思い込みを外せる。

不倫をやめられない

28歳の時の婚約者5股事件によって、当時の私はとにかく自信をなくし、自尊心、自己肯定感が下がりまくっていました。

そして、私は何年間もある恋愛傾向に陥るのです。そうです。誰かの本命でいることは、誰かに奪われる危険をはらむと思い込んでいた私は、あえて結婚できないような相手を選んでいました。そんな男性を選びながらも、自分の気持ちを押し殺して相手に本音が言えなかったり、相手に嫌われたくない思いから、相手の要望ばかり飲んでいました。

私のお客様の中にも、不倫で苦しんでいる方はいます。

初めは軽い気持ちだったのに、どんどんエスカレートして、そのうち彼を独占したくなってきたという話はよく聞きます。

「好きになった人が、たまたま結婚していた」こんな話をされる方もいます。

そして、頭ではわかっているんです。それが良くないことだって。でも、抵抗すればするほど、どんどん深みにハマっていってしまうのです。

私の場合は、既婚者に「君とは結婚できない」と言われ、気づきました。あ、私は結婚したいんだなと。結婚したくないんだったら、彼とずっと仲良くしていても良かったのかもしれない。ただ、私の場合は結婚したかったんです。だから、彼の言葉は辛辣に響きました。

もし、辛い不倫に悩んでいる方がいれば、自分の心に聞いてみてください。

結婚したいの？　恋愛していたいの？

「結婚したい」のであれば、「幸せな結婚がしたい！」と自分や周りに宣言して、既婚者の彼を好きでもいいから、独身男性にも目を向けてください。独身男性より既婚男性のほうが「余裕」が感じられるかもしれないけれども、独身男性だって結婚すれば「余裕」は生まれるもの。そんな目で見てあげて、独身男性とのデートを楽しんでください。

「恋愛していたい」のであれば、自分の思いはちゃんと伝えるのが大切。

「あれが食べたい」「これがほしい」と自分の意見を相手に伝えてほしい。

過去の私のように「自分は愛されるに値しない」という自己肯定感が低いと、不倫を引き寄せるケースがあるから。

自分を押し殺して自分を後回しにする恋愛はやめると決めて、好きな人に向き合ってくださいね。

いずれにしろ、自分の本音にしっかり向き合って、自分の気持ちを大切にしていく過程で、不倫相手が消えて、あなたをちゃんと大切にしてくれる男性が出てくるかもしれない。または、不倫相手が本当の意味で、あなたを大切にしてくれる人に変わるのかもしれない。

私はどうしたいのか。

と、常に自分の気持ちに軸を置いて、相手に接してみてくださいね。

Mammy's theory 15

「私はどうしたい？」と聞く練習を！

婚活10年続ける人

独身男性だろうが既婚男性だろうが、自分の気持ちを押し殺す。

4か月で結婚する人

独身男性だろうが既婚男性だろうが、自分の気持ちをちゃんと伝えられる。

相手の条件にこだわり、損得勘定で考える

婚活3年目くらいまで、私は、物事を「損か得か」で判断していました。それが、恋愛に如実に出ていました。

例えば、イケメンで背の高い彼と付き合ったら、周りから羨ましがられる。貧乏な人と付き合ったら、自分のお金が減って損をする。好きになってくれたから信じよう。プレゼントをくれたから愛されている、など。

もうおわかりですね。常に、軸が「相手」なんです。

相手がどんな人で、どんな行動をするかで、自分にはこんなメリットが出てくるから、お付き合いしよう、なのです。

つまり、自分の頭の計算に振り回されて、自分の心を無視している状態。

婚活3年目の時に仲が良かった男性は、本当にイケメンで背が高くて経済的に豊かで女性にモテモテな方でした。そのような男性と付き合っているのが、自分にとってのステー

タスで、周りに自慢できる環境だったから、このままその男性と仲良くしていたいと思っていたのです。

けれども、週末だけ泊まりに来る、平日はメールしても返ってこない。そんな毎日で、私の心はどんどん不安で埋め尽くされていきました。約半年間、不安で不安で夜も眠れませんでした。本当に辛い恋愛だった。

この一件以来、損得勘定を封印して、「損得考えずに、自分はどうしたいか」で恋愛を考えるようになりました。

夫との付き合いが始まった当初は、相手がどんな仕事をしているのか、社員なのかアルバイトなのかも全く気にしなかったです。「有給がない」と話していたので、多分アルバイトなのだろうと推測していました（その当時、彼はある会社の役員でした）。

でも、夫とは、一緒にいて心地良かったのです。

あのまま、自分の気持ちを無視して損得勘定だけで誰かとお付き合いしていたら、私は幸せな結婚に辿り着かなかったと思います。

Mammy's theory 16

世間一般の基準ではなく、
自分の価値基準に従って！

婚活10年続ける人

頭の中の計算に振り回され、
自分の心を無視して男性と付き合う。

4か月で結婚する人

男性と一緒にいる時の
自分の心地良さを基準に男性と付き合う。

男性にひどい扱いをされる恋愛パターンを繰り返す

婚活3年目から4年目まで、まだ自分を軽んじていた私は、私のことを適当に扱うような男性ともお付き合いしていました。

例えば、私とお付き合いしながらも、他の女性の匂いがするような男性、私に対して激怒するようなモラハラな男性などでした。相手にそんなことをされてすごくイヤだったけれど、嫌われたくないから、辛くても悲しくても何も言いませんでした。嫌われるのが怖いから相手を優先してしまう、というのは、相手への愛ではなく、「怖れ」ですよね。

自分が自分を愛せない、自分を軽んじている時に起こる現象です。

人には、顕在意識、潜在意識、集合的無意識というものが存在します。

普段私たちは、全体の意識の10%も使っていない! なんていわれています（顕在意識）。そしてそれは、氷山の一角のようになっていて、もっと深い領域は意識されていないそうです（潜在意識）。

また、図のように、実は氷山の下の方は陸続きですべて繋がっています。つまり深い部分では、すべての意識は繋がっているということです（集合的無意識）。

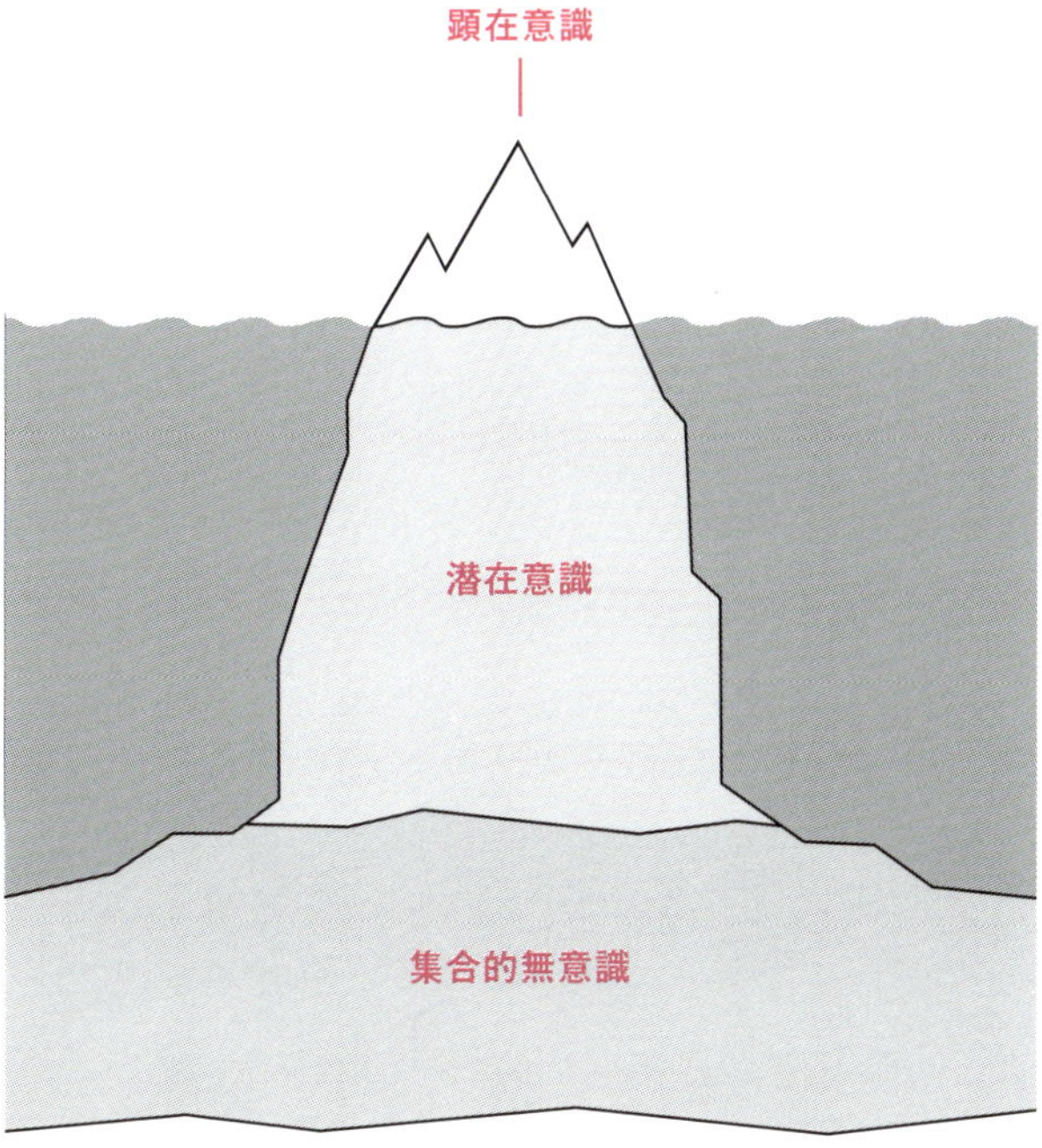

人の意識というものは、集合的無意識の部分でつながっていて、自分が自分を扱うように他人は自分を扱います。

自分が自分のことをクズ女だと思っていれば、他人からもクズ女扱い受けるし、自分が自分をお姫様だと思っていれば、他人からもお姫様扱いを受けます。

そう、私は自分をお姫様でなく、クズ女扱いしていたんです。だから男性からもクズ女（都合のいい女）扱いされていたんです。自分が自分のことを大切にしていなかったから、大切にされなかったんです。

だから、自分を貶める現象が次々に起こったのだと、今ならわかります。もっと毅然と振る舞えば良かったと、改めて思います。

「そんな扱いをされると悲しい」と、ちゃんと相手に伝えれば良かった。自分の思いを大切に、自分そのものを大切に扱えたら良かった。

世界にたった一人しかいない私を、私が守らなかったら、誰が守るのだろう。

私が私を守り、大切にしていくと、周りの方々も、私を守り、大切にしてくれます。ちゃんとお姫様扱いしてくれます。

あなたは自分を、ちゃんとお姫様扱いしていますか？

Mammy's theory 17

自分の自分への扱い
＝
他人から自分への扱い

婚活10年続ける人

「自分には価値がない」「自分さえ我慢すればいい」と自分で自分をクズ女扱い。

4か月で結婚する人

イヤなことはちゃんと相手に伝え、自分の思いを大切に、自分をお姫様のように扱う。

口癖がいつもブス女

婚活5年目の夏、その時に少しお付き合いしていた彼に言われた言葉です。

「そんなに言い訳ばかりして、自分のことを正当化して、可愛くないね」

ガーンでした、本当に。好きな彼に言われた一言は、深く深く私の胸に突き刺さりました。

あなたは普段から、次のような口グセを使っていませんか?

☑「でも、だって」
☑「〜できないわ」
☑「わからない」
☑「難しい」
☑「それ、知ってる」

過去の私と同じように、すべてあてはまるという方、要注意です。

言葉と脳は密接な関係があって、これらの口グセを使っていると、知らず知らずのうちに、自分の脳や潜在意識の中に、「でも」「だって」と言い訳する自分、「できない」「わからない」「難しい」という自分の可能性を遮断する自分、「それ、知ってる」と相手の話に聞く耳を持たない自分を作り出してしまっているのです。

ここで、また少し、潜在意識の話をしますね。

潜在意識は全体の意識の中の95％、顕在意識は全体の意識の5％ともいわれています。つまり、私たちの人生は顕在意識ではなく、潜在意識によって作り出されると言っても過言ではありません。

顕在意識で、いくら「幸せな結婚をしたい」「幸せな人生を送りたい」と言っていても、潜在意識が、「どうせ私には無理」「私は結婚できない」の情報をキャッチしていると、いつまでも「幸せな結婚できない状態」「幸せでない人生を送る毎日」が続いていくのです。「あー、怖い」と思ったそこのあなた、あなたの潜在意識は、「どうせ私はできないから」の気持ちで埋め尽くされていませんか？

普段、あなたの思っていることが反映されるのが、あなたの使う言葉。

その言葉が、「でも」「だって」「できない」「わからない」「難しい」ばかりだと、あなたはどんどん言い訳ばかりで何かを達成できない自分になってしまいます。

幸せな結婚生活を送っている方々、人生に成功している方々は、このような言葉、口グセは使いません。

自分の人生は自分ですべて選択すると決めているから、言い訳しない人生だし、自分の人生はどんどん良くなると思っているから、幸せな結婚はもちろん、自分の願いがどんどん叶っていっています。


口グセを変えるだけで、自分の今までの潜在意識が塗り替えられ、人生が変わっていきます。


男性視点で見ても、「私なんて無理」と常に人生悲観して不安ばかりで余裕のない女性より、もっともっとできるかも！ と自分の可能性を信じて、イキイキしている女性のほうが魅力的に感じられるようです。

女性視点で男性を見た時にも、常に人生を悲観して不安そうな男性より、自分はできると信じてイキイキしている男性に惹かれませんか？

一緒にいて楽しい、幸せだなあと思ってもらえる女性であるように、まずは口グセを変えて、潜在意識の変革を行い、マインドチェンジしていきましょう！

Mammy's theory 18

知らず知らずのうちに使っているログセを見直そう！

婚活10年続ける人

無意識に「でも」「だって」「できない」「わからない」「難しい」「それ知ってる」というマイナスのログセを使っている。

4か月で結婚する人

意識的に「大丈夫」「できる」「余裕」「イケるかも」「ありがとう」というプラスのログセを使っている。

悲劇のヒロインを演じようとする

婚約者に5股されてから、私の中に根強くあったのが、「どうせ私は幸せになれない」という概念、いわば、悲劇のヒロインマインドでした。「私は不幸なんだ。どうせ幸せな結婚はできないんだ」と自分に言い聞かせて、不幸である状態に落ち着いていました。

彼ができてお付き合いが始まると、こんなに幸せであるはずがない、落とし穴があるはずだと疑い、自分の相手への猜疑心で、恋愛が早くに終わってしまうパターンが何度もありました。

あなたは悲劇のヒロインタイプではありませんか？

過去の失敗と結びつけて、「幸せになってはいけない」と自分に言い聞かせていませんか？

あなたは幸せになるべき人なんです。

自分で自分に何度も言い聞かせてください。
そして、あなたのことを大切に扱ってくれる人と幸せな結婚をすると決めてくださいね。
毎朝、鏡の中の自分に向かって、「私は幸せになっていい」「私は幸せになるべき人間だ」「私は幸せを選択する」と、語りかけてください。

Mammy's theory 19

不幸探しはもうおしまい。
幸せ探しをすると決めて！

婚活10年続ける人
「幸せになってはいけない」と、自分で自分に言い聞かせている。

4か月で結婚する人
「私は幸せになっていい」と、自分で自分に言い聞かせている。

お付き合いや結婚が怖くて、いつも自分から逃げてしまう

あなたは、誰かと付き合うということを、そして結婚することを、とても高いハードルと感じていませんか？

過去の私は、とってもハードル高く感じていました。

私の講座生の中には、とても綺麗で性格もいい素敵な女性なのに、

「男性とのお付き合いが始まりそうだと感じたら、自分から逃げてしまうんです」

「結婚に発展しそうだなと感じたので、自分からお付き合いを解消しました」

と話す方がいます。

なぜお付き合いが始まりそうになったり、結婚に発展しそうだと感じたりすると、逃げたくなるのでしょうか？

原因は3つあります。

原因その①　男性から嫌われたくないから

お付き合いや結婚生活が始まると、綺麗でちゃんとしている自分以外の、カッコ悪くてちゃんとしていない自分を見られる可能性が出てくるから、が理由です。

このケースは、自分で自分のカッコ悪い部分を受け入れていない女性に多く見受けられます。

私は特に男性にすっぴんやゴロゴロしている自分を見られるのが本当に恐怖だった。そんな自分を見られたら嫌われる！という意識が強かったんです。

では、どうすればいいのか。簡単です。

「私は○○でも、○○してても大丈夫！」

口に出してみてください。自分のイヤなところを。私の場合だったら、「私はすっぴんでも、ゴロゴロしてても大丈夫！」です。

人には陰と陽、どちらもあります。そして、そのどちらも持ち合わせているのが、人としての魅力だったりします。ただ完璧な人に魅力を感じますか？　完璧そうに見えて何かしらの弱さがあるから、人は人に親近感を覚え、愛らしく思えるのではないでしょうか。

自分の中の陰を認めることで、他人の陰にも寛容になります。

男性だって、自分の陰（弱さ）は恥ずかしくてあまり女性に見せたくないはず。そんな自分の陰（弱さ）さえも受け入れてくれる女性がいたら、その男性はその女性にゾッコンになりますよ。

以前、夫に「なぜ私との結婚を考えたの？」と聞いた時に、「マミィは、どんな俺も否定しなかったから。どんな俺にもマルを出してくれたから」と言ってくれました。

逆に、私の心がとても落ちていて、会う約束をしていた夫に「心が落ちていて、あなたを楽しませることができないから会いたくない」と伝えたら、「マミィは芸人さんじゃないんだから、楽しませてほしいなんて思ってない。いい時も悪い時も一緒だろ。一人で抱え込むなよ。辛い時は頼ってほしい。俺はいつだってマミィの味方だから」と言ってくれました。

仕事を一生懸命頑張っていて真面目な女性ほど、男性にこんなところを見せられない、こんな自分を知られたら嫌われてしまう、男性に頼れないと思っている方が多いのかも。

でも、男性は好きな女性に弱さを見せてほしいし、頼られたいし、辛い時だって一緒にいたいんですよね。

そして、自分の弱さも受け入れてほしい。

だから、あなたのイヤなところや弱さを出したって、運命の彼はあなたを嫌いません。

原因その② 未来のことを考えすぎるから

「この人と付き合って、うまくいかなかったらどうしよう」

「うまくいかなくなって、私から断ることになったらどうしよう」

などと、先々のことばかり考えて苦しんでいませんか？

婚活7年目の夏に友人に紹介してもらった男性と3回目のデート。ホテルのバーで、いよいよ告白されるかも、という段階で、「もし、告白されて、現段階でそんなに好きじゃないのに、好きになれなかったらどうしよう。断るのも申し訳ないしなあ」と考えてしまい、「用事があるんです」と、そのままバーを出てタクシーで駅に向かったのを今でも覚えています。

今、考えれば、

お付き合いして、ダメだったら別れればいいだけの話。
付き合ってみないとわからない部分もあるから。

やる前からああだこうだと考えすぎて、実行に移せないということはありませんか。

講座生からも、「未来を考えすぎて動けない」という話をよく聞きます。

この考えが結婚を遠ざけます！

原因その③ ホメオスタシス（恒常性維持機能）があるから

人は細胞レベルで変化を嫌う生き物。なぜなら、ホメオスタシスがあるからです。

ホメオスタシスとは、人の体温が38度に上がった時に36度に下げようとしたり、ダイエットでマイナス5キロに成功しても、またリバウンドしたりする「現状維持機能」のことです。

この機能があるが故に、変化しそうになった時、いろんな理由で変化を排除しにかかります。

例えば、マリッジブルーなども、この機能があるからだと私は推測します。変化が怖いから、彼と結婚してはいけない理由を脳が勝手に探し始め、結婚に対してブルーになっていくんです。

男性とのお付き合いもそう。

婚活８年目に、私が婚活パーティーで知り合った男性と３回デートした時のこと。いよいよ、彼に真顔で壁ドンされた時、私は逃げました。この後、用事があるから、帰るねって、ピューって走って逃げました（またもや、このパターン）。

何年も男性とお付き合いしていない時だったので、お付き合いという変化が怖くて逃げたのです。

その後、彼に次の週末、会いたい旨をＬＩＮＥしても、「その日は難しい」って返事だけきて、そのまま、フェードアウト。

では、こんな場合、どうすればいいのか。

普段から変化に強い自分を作っておくのです。

例えば、

普段、行かない場所に行ってみる。

普段、選ばない洋服を買ってみる。

などなど、日常の些細なことでの新しい選択をするのがオススメです。
すると、変化に動じない、変化を受け入れられる自分が作れます。
これら3つの原因によって、「逃げる女」が出現するから要注意！
あてはまるな、と感じた方は、普段からの対策が大事です！

Mammy's theory 20

逃げ続けていては、幸せな結婚は手に入らない。

婚活10年続ける人

自分のイヤなところを隠し、先々のことを考えすぎて、新しいことに挑戦しない。

4か月で結婚する人

自分のイヤなところも認め、先々のことを考えすぎず、新しいことに挑戦する。

第3章

婚活に苦しむ女性、苦しまない女性

～なぜ彼女たちは結婚が早いのか～

婚活に苦しむ女性と苦しまない女性の違い

婚活に苦しむ女性	婚活に苦しまない女性
世間の目を気にする、周りと比べる	世間の目を気にしすぎず、自分は自分
過去に生きている	今を生きている
プライドが高い	プライドを捨てる時もある
常に頭で計算している	頭でなく心に従う
「どうせ私はうまくいかない」と思いがち	「だから私はうまくいく」と思いがち
行動が遅い（言い訳ばかり）	行動が早い
ネガティブ思考	ポジティブ思考
受け身	積極的
口角が下がっている	口角が上がっている
頑固	柔軟
バリバリ執着体質	執着しない

婚活に苦しむ女性と、苦しまない女性にはこのような特徴があります。

いくつ思い当たるものがありますか？

では、ここから一つ一つの項目をみていきます。

世間の目

婚活に苦しむ女性は、とにかく世間や他人の目を気にしています。

まず、世間が好きな男性を、自分が好きな男性と勘違いしていませんか？　イケメン、高収入、高身長が、あなたの本当に好きな男性像ですか？　自分で考えてみてください。

世間に惑わされないでください。

一緒にいて落ち着いたり、楽しい気持ちになったり、幸せな気持ちになる男性はどんな男性か、今一度考えてみてくださいね。

そして、結婚適齢期なんてありません。

世間の適齢期でなく、自分の適齢期が大事。

結婚は、自分が一番ベストな時にするものです。自分にとって最高のタイミングで、自分が最高だと思う男性と結婚すると決めてください。

とはいえ、まだ周りが気になる方もいますよね。

私のＨＡＰＰＹ婚講座を受けている方でも、どうしても周りが気になって仕方ないという方、よくいます。

特に周りがどんどん結婚していくと、必要以上に自分を責め、苦しむ方。周りは周りでいい！と思える人はそれでＯＫですが、周りは周りと思えない方は、周りの結婚が決まっていったら、こういうふうにとらえてみてはいかがでしょうか。

「自分の周りの女性が結婚し始めたら、もうすぐ自分も結婚する前兆！」「あ、あの人が結婚した！自分も近い、近い、近い！」と思っていると、早くに結婚を引き寄せるケースがあります。脳が自分の結婚も早いととらえていくのです。

実際、そのような考え方に変換したお客様は、**考え方を変換して３か月後に結婚が決まりました。**

同じような方法で、街のカップルを見かけた時も、悔しくて涙するのではなく、「ああ、このような幸せなカップルを見つけるということは、私ももうすぐ彼氏ができるサインなのかも」に変換していくと、恋人ができやすくなります。

Mammy's theory 21

それでも周りが気になる方は、周りが成功したら次は私の番ととらえよう。

婚活10年続ける人

世間の目を気にする、周りと比べる。

4か月で結婚する人

世間や周りの目を気にしすぎず、自分は自分というスタンス。

過去と今

婚活がうまくいく方は、「今」を生きています。過去に縛られていません。逆に婚活で苦しんでいる方は、すぐに辛い過去の恋愛話をしたがります。「意識が過去」なのです。「今」に生きていないのです。過去は過去なのに。

量子力学では、過去と今は何の因果関係もないといわれています。
つまり、今の1秒とさっきの1秒は、全く関係ないんです。過去こうだったから、今も未来もこうだろうというのは完全な思い込みです。私はここに気づいて、「婚活10年している私だから、この先も結婚できない」という考え方を捨てました。

今まではそうだったかもしれない。ただ、ここから自分の人生は変えられる。

そんな考えの女性は、幸せな結婚も早いです。
ただ、それでも、辛かった過去をどうしても考えてしまう方は、「今」に集中する時間を増やしていってください。

過去の私が「過去」に縛られ、「過去」の話ばかりする人間だったからこそ、今の私は週に1回、ダンスをしたり、ジムに通ったり、1日1回ブログを書いたり、たまにデパ地下に行ってお惣菜を真剣に選んだり、「今」を意識して楽しむようにしています。

あなたが「今」集中できるものは何ですか？

Mammy's theory 22

過去がこうだったから今もこれからもそう、という考えは捨てよう。

婚活10年続ける人

辛い過去の恋愛話をしたがる。

4か月で結婚する人

今に目を向け、今、感じていることを大切にしている。

プライド

プライドが高い女性のほとんどは、婚活に苦しんでいます。どこか、他人や男性と勝ち負けの世界で生きてしまっています。

過去の私もそうでしたし、ＨＡＰＰＹ婚講座生の中でも、相手に振られるのがイヤだから、少しでも相手の態度がおかしくなったり、相手とすれ違ってきたのを感じたら、自分から相手に別れ話を持ちかける、という方がいます。

また、そもそも男性に告白することすらできない女性もいます。

断られた時を想像するのが怖くて、プライドが傷つくのが怖くて、絶対に自分から告白できないと言います。

さらに、割り勘はあり得ないというプライドを持っている女性もいます。「何でわたしがお金を出さなきゃいけないの？」とデート代や食事代は、男性が支払うものだと思っています。

全額おごってもらって「わたしは男性から好かれている」「大切にされている」と自分の価値と結びつけてしまうのです。

婚活に苦しまない女性は、時にプライドを捨てます。

とはいえ、過去の私のように、プライドの捨て方がよくわからないという方のために、何をすれば良いのか具体的にお伝えします。

【相手とすれ違ってきたら】

相手の気持ちを聞こうと、ちゃんと話し合いに持っていきましょう！

なかなか持っていきづらい場合は、「何か話したいことはない？」と相手の話を聞く姿勢を取ったうえで、「私も聞いてほしいことがあるの」と自分の思いを最後に伝えてください（詳しい相手への伝え方は第5章・第6章をご参照くださいね）。

【好きな男性がいたら】

見栄にこだわらず、自分の気持ちを大切にしたいと、相手に思いを伝えます。

と言っても、それができたら、苦労しないですよね！

ではどうすればいいのでしょう？

相手に直接好きと伝えるのではなく、相手が持っているものに「これ、好きなんですよね」

と伝えてみてください。例えば、「○○さんのその服のセンス、好きなんですよね」「○○さんのネクタイの色、好きなんですよね」などです。

【割り勘】

男性がご馳走してくれたかどうかを判断材料にして、自分の価値を決めないようにしましょう！　じゃあ、どう思えば良いのでしょう。

初めて会う男性の場合

↓

「まだどういう女性かわからない人にはおごらない、慎重かつ堅実なタイプなんだな」

「おごられたからお返ししないといけない、と私が気を使うのを避けるための割り勘ね」

何度か会っている男性の場合

↓

「私とのお付き合いや結婚を考えて、お金を貯めるようにしているんだな」

過去、プライドが高くて恋愛をしくじってきた私の、お相手の男性とうまくいった実践結果ですので、ぜひやってみてくださいね。

これらを実践して、お付き合い開始から半年でプロポーズをもらったＨＡＰＰＹ婚講座生もいます！

Mammy's theory 23

鎧は脱ぎましょう。

婚活10年続ける人

プライドが高く、男性に負けたくないと力んでいる。

4か月で結婚する人

時にプライドは捨て、相手とすれ違ってきたら話し合い、好きな人には自分の思いを伝える。

頭と心

あなたは、自分の「やりたい」に従うのでなく、「こうしたほうがいい」に従って生きていませんか？　それは自分の心を無視しているか、自分の心を使っていないか。そして、損か得かの判断を頭でしているからだと思います。

じゃあ、心に従って生きていくにはどうしたらいいか。

2つあります。

① 日々の選択を「やらなくてはならないこと」ではなく「やりたいこと」からにする。

② 1日一つ、感動することを日課にする。

まず、①です。大きなやりたいことではなく、小さなやりたいことにこだわってほしいのです。例えば、「今日、何食べる？」「今日、どこに行く？」「今日、仕事終わりに何する？」というようなこと。自分の心に聞くクセをつけてほしいのです。

②は、小さな感動を増やしてほしいのです。道端に咲く花を眺めて「あー、綺麗だなあ」猫や犬を見て「可愛いなあ」本を読んだり映画を観て「いい話だなあ」好きなことをして

「楽しいなあ」などなど。自分の心をどんどん動かしてほしいのです。

以上２つをやってみて、心を使って心に従っていくと、本当に好きな男性や運命の男性に巡り会えるのです。

Mammy's theory 24

やりたいことを優先させて心を動かしていきましょう！

婚活10年続ける人
常に頭で計算して心を使っていない。

4か月で結婚する人
1日一つ感動することを日課にしている。

「どうせ」と「だから」

婚活に苦しむ女性は、過去の記憶や今までの経験により、「どうせ私なんて」の意識が非常に強いです。どうせ私なんて好きな人には好かれない、どうせ私なんて彼氏ができない、どうせ私なんて結婚できない……。

こんなふうに常に思っていると、脳は勝手に「どうせ私はうまくいかない」という証拠探しを始めます。証拠を探し出して、自分をどんどんうまくいかない方向に持っていきます。これだと当然、婚活は長引きます。

婚活に苦しまない女性は、「だから私はうまくいく」という証拠探しが非常に上手。

例えば、「私は料理がうまい」「私は長く生きてる分、経験豊富だ」「私は他人の気持ちに寄り添える」

こうやって少しずつ、

だから、「私は大丈夫！」「いい感じ！」「イケるかも！」

と自分で自分に暗示をかけているのです。

あなたはうまくいかない証拠探しばかりしていませんか？

さあ、うまくいく理由を書き出してみましょう。

Work

あなたの婚活がうまくいく理由を5つあげてください。

1 ＿＿＿＿＿＿＿＿＿＿＿＿＿＿＿＿

2 ＿＿＿＿＿＿＿＿＿＿＿＿＿＿＿＿

3 ＿＿＿＿＿＿＿＿＿＿＿＿＿＿＿＿

4 ＿＿＿＿＿＿＿＿＿＿＿＿＿＿＿＿

5 ＿＿＿＿＿＿＿＿＿＿＿＿＿＿＿＿

まず自分が自分を賞賛してうまくいくスパイラルに乗せてくださいね。

Mammy's theory 25

まずは自分で自分に暗示をかけるのです！

婚活10年続ける人

自分の短所ばかり見つめ、どうせうまくいかない証拠探しをしている。

4か月で結婚する人

自分の長所を見つめ、だからうまくいく証拠探しをしている。

行動が遅いか、早いか

婚活がうまくいく女性は、非常に行動が早いです。講座で私がお伝えしたことも、すぐにやります。

逆に行動が遅い方は、婚活が長引きます。そして、行動が遅い方はとにかく言い訳がうまくて常に「準備」しています。「明日になったらダイエットする」「あと3キロ痩せたら婚活アプリに登録する」「仕事が落ち着いたら恋愛にいそしむ」など、ああなってからこうしようという思考の準備をして、それを実行するのです。そんな思考だと「今の私はダメ」と今の私を否定することにもつながります。

すぐに結婚する方は、完璧じゃないけど「今の私のまま」で動きます。

「チャンスの神様には前髪しかない」という言葉があるように、チャンスって本当に一瞬なんです。その一瞬のチャンスをつかめるかどうか。すぐにつかめる勇気が、幸せになれるかどうかの別れ道です。

男性から誘われたら、今ＯＫするんです。この本を読んで様々なワークがやりたくなったら、今やるんです。「今、婚活アプリに登録する」「今、ダイエットする」「今、恋愛する」

人生は今、今、今、今、の連続です。綺麗になって素敵な恋愛したいですよね？　幸せな結婚をしたいですよね？　であれば、今、自分の夢を叶える一歩を踏み出してください。

やってみて失敗したらイヤだ！　と思う方、今やってみてうまくいかないことがあってもいいじゃないですか。軌道修正して、成功するためのノウハウを学んだと思えばいいだけ。私なんて失敗なんて星の数ほどあります。

失敗をおそれずに、自分の夢のためにできることを、今やってみてくださいね。

Mammy's theory 26

チャンスをすぐにつかめる女性であれ！

婚活10年続ける人

言い訳ばかりで行動が遅い。

4か月で結婚する人

そのままの自分で今行動する。

ネガティブ思考とポジティブ思考

まだ起こっていないことを、あれやこれやと考えて行動に移せない婚活女性の方は、要注意です！

婚活に苦しむ方は（過去の私も含めて）、超ネガテイブ！　ここでいうネガティブとは、まだ起きていない未来のことを心配して、なかなか実行に移せないことです。

婚活がうまくいく方は、超ポジティブ！　まだ起きていないことをあまり考えない。

そう、このポジティブ思考さえあれば、なんでもできちゃうんです！

私はネガティブ思考を否定しているわけではありません。ただ、あまりにもこのネガティブ思考が強すぎるあまり、自分の楽しみや好きなことすらすべて我慢して、まだ起きてもいない未来に支配される生き方はどうなのでしょうか。

あなたの本当の望みは、幸せな結婚、豊かな生活のはず。

その自分の望みに対して、「うまくいかなかったらどうしよう」と不安になる気持ちもちゃんと認めながら、「うまくいかなくても、すべては途中経過のこと。最終的にはうまくいくから」とほんのちょっと思考を転換させるだけで、驚くほど、あなたの未来は変わっていきます！

婚活8年目のＨＡＰＰＹ婚講座生は、ほんの少しだけ、ネガティブ思考からポジティブ思考に変えることを意識しただけで、**講座開始1か月で、素敵な彼ができました。**

どうすれば、ネガティブ思考からポジティブ思考に変換できるのでしょうか。

「セロトニン」をご存知ですか？ セロトニンとは、脳内で働く神経伝達物質のひとつで、セロトニンが不足すると脳の機能が低下したり、心のバランスを保つことが難しくなったりします。ストレス障害やうつ、睡眠障害などの原因になりうることも知られています。

では、どのようにセロトニンをアップさせるのか。

①日光に当たる
②散歩（リズム運動）する
③お気に入りの音楽を聴く
④上を向く
⑤ラベンダーのアロマの匂いを嗅ぐ

心が不安定だと、やっぱり気持ちは下がり、起きてもいないことをあれやこれやと心配するクセがついていきますから、ぜひ普段からセロトニンをアップさせて、ポジティブ思考でいる習慣を身につけてくださいね。

Mammy's theory 27

あなたは幸せな結婚をする！
何があっても、最終的には
うまくいく！

婚活10年続ける人

過去を考え、
まだ起きていない未来を心配する
ネガティブ思考。

4か月で結婚する人

過去を切り捨て、
未来の不安は起きた時に考えようという
ポジティブ思考。

受け身か積極的か

婚活に苦しむ女性は、受け身です。

婚活がうまくいく女性は積極的で軽やかです。飲み会でいいなと思った男性にはすかさず連絡先を聞いて、すぐに連絡しています。

「1回目は男性からのお誘いで飲みに行くのだけれど、2回目を誘われず悶々としています」というお悩みを結構いただくのですが、

男性だって断られる怖さはあります！

女性も男性も同じです。

じゃあ、どうすればいいかというと、1回目に、2回目の具体的な約束をすればいいのです。次また会ってもいいかなと思ったら、1回目の時に、お互いの共通の趣味や気になっていること、ハマっていることなどを確認し、「今度、一緒に飲みに行きませんか？」と軽く聞いてみる。もしくはそう言わせる。相手から曖昧なメッセージがきたら、「私、次の週は忙しいのですが、この週は空いているので、いかがですか？」と具体的な日程を提示してみてもいいと思います。

それでもうまく伝える自信のない人は、１回目のデート終了時に、いいなと思えた男性に「次も会いたい」という願いを込めて、チョコレートを渡してください。

自分がそうしたかったから、そうした！　以上、マル！　でいいのです。

相手の気持ちばかりを推しはかるから辛くなる。他人の気持ちなんて永久にわからない。もっと、軽く動いてみてくださいね。

Mammy's theory 28

自分から誘って、幸せな結婚を手繰り寄せましょう！

婚活10年続ける人

誘われるのを待つ受け身態勢。

4か月で結婚する人

自分から軽く誘う積極態勢。

「メラビアンの法則」を知っていますか？

アメリカの心理学者アルバート・メラビアンの実験を基に提唱されたコミュニケーションにおける影響力を現した「メラビアンの法則」によると、人に対する印象は、次の3つで数値化されるそうです。

・見た目（身体の動き、しぐさ、表情）：55％
・声、話し方（声のトーン、質、大きさ）：38％
・話の内容（言葉）：7％

つまり、見た目と声、話し方で93％印象が決まるということです。そして、男性が一番見ているのは、実は女性の表情だったりします。

「メラビアンの法則」にも、見た目（身体の動き、しぐさ、表情）の視覚情報が55％とありますよね。そう、表情って本当に大事！

あなたの周りにも、すごく綺麗な顔立ちなのに、いつも悲しそう、辛そう、つまらなさそうな表情をしている女性、いませんか？　もったいないって思いませんか？　なんだか不幸そうな女性という印象を相手に与えてしまいますものね。

あなたは、いつも悲しそう、辛そう、つまらなさそうな顔をしていませんか？　大丈夫ですか？　もし、いつもそのような表情をしているのであれば、要注意！　婚活は確実に長引きます。だって、人は、不幸そうな人より幸せなそうな人のところに集まるから。

幸せそうな人はモテるんです！

ずっと笑顔でいろということではなくて、無意識に人に見せている表情に少し気を配ることも大切だという話です。

私は元ボイストレーナーで、今までのべ２万人の方々の声や表情をチェックしてきたのですが、トレーニングで表情筋チェックも行っていました。


１ミリ口角を上げるだけで、驚くほど表情って明るくなるんです。

表情を変えるのは、日々のちょっとした意識。ニコッと今より１ミリ口角を上げる。毎朝、意識してやってみてください。

幸せそうな笑顔の女性を、男性は放っておきませんから。
毎朝、笑顔を意識するだけで、脳もハッピーになって、幸せがどんどん押し寄せてきますよ。

Mammy's theory 29

メイクやファッションより、口角を上げるのが大事！

婚活10年続ける人

いつも口角が下がっている。

4か月で結婚する人

日々、意識的に1ミリ口角を上げている。

頑固と柔軟

あなたは「自分ルール」に縛られて、自分の思い通りに事が進まないと、イラッとしたり、自分や他人のせいにして拗ねていませんか？

生きていると、いわゆる想定外の出来事がやってくるケースってありますよね。

婚活がうまくいく女性は、これら想定外の出来事を非常に楽しんでいます。

うまくいかない出来事がやってくると、「お！面白いことになってきた！」とピンチをチャンスだと思っている方が多いです。どこかで自分の人生に対して客観的。俯瞰して自分を見ています。**うまくいったら嬉しいけど、うまくいかなくてもオッケー。うまくいかない出来事さえも楽しもうという精神なのです。**

だから婚活アプリで知り合った男性と初めて会った時に、写真とまるで違っていても、「なに？この男性」ではなく、「写真と全然違うけど、リラックスしてここから楽しめそう！」と思えたり。

予定していたデートが彼の仕事の都合で延期になっても、「なんだかフェードアウトしようとしているのかな?」と邪推するのではなく、「えー、楽しみにしていたからショック。でも仕方ないね。次のデートを楽しみにしているね」と優しい言葉を相手に伝えたり。

そろそろプロポーズされるかもと思っていたタイミングで、「もう少し、君との結婚を考えたいんだ。あと1か月待ってくれないか」と言われたら「やっぱり私は愛されていないんだ」じゃなく、「それだけ真剣に私のことを考えてくれているんだ。この間、私は彼のために自分のために何ができるかな」とすべてを前向きにとらえるのです。

そして、彼からの返事を待っている間は、ただただ自分ができることをやることに徹していればいいのです。

自分ルールに縛られていると、男性からも、「この女性は、絶対に自分の思いを撤回しない頑固な女性なんだな。柔軟に物事を考えられない視野が狭い女性なんだな」と思われてしまいます。

私のお客様で、自分の意見を曲げない、自分ルールにがんじがらめになってる方がいたのですが、「想定外の出来事も楽しむ!」と決め、実行したところ、**一気に3名の男性から告白されました。**

自分の思いを少し手放して、自分の考えに固執せず、やってくる出来事を楽しんでみてくださいね。

Mammy's theory 30

流れに身をまかせたほうがうまくいくケースもある。

婚活10年続ける人

想定外の出来事に一喜一憂して、思い通りにいかないと落ち込む。

4か月で結婚する人

想定外の出来事も、臨機応変に対応して楽しむことができる。

執着

私が婚活アドバイザーになって1年目に、ランチ会である話をしたところ、半年の間に、参加者50名の女性の中から毎月1名ずつ結婚が決まっていくという現象が起こりました。

あるお話とは何か？

それは、「結婚できる3つの法則」です。

脳科学的に、同時に3つ以上のことを行うとうまくいくといわれています。婚活ばかりしていると、婚活がうまくいかない原因ばかり考えてしまいます。いわば、婚活に執着している状態です。

ところが、婚活以外のことを2つ以上やることによって執着が外れるという考え方が「結婚できる3つの法則」です。

婚活以外に「仕事」だけだと、「仕事」はうまくいくのに「婚活」はなんでうまくいかないのだろうと、「仕事」と「婚活」を比べてしまいます。これが、「婚活」「仕事」「趣味」だと、「どれかがうまくいったら楽しいなあ」と何か一つへの執着を外せるのです。

もちろん、３つ以上でもかまいません。「婚活」「仕事」「趣味」「家事」「健康」などなど。たくさんあればあるほど、「婚活」以外のことを考える時間が増えて、「婚活」がうまくいかない状態を嘆く時間も減ってくると思います。

そして、「婚活」の中でも、一つの方法だけにこだわらないのがポイント！

例えば、婚活アプリだけやるのではなく、「街コン」にも参加してみる、友達に男性を紹介してもらう、バーに一人で飲みに行って、そのお店のマスターに素敵な男性のお客様を紹介してもらうなど３つ以上の方法を編み出していくのはオススメです。

３つ以上やっていくことによって、自分に合っている方法がわかるし、執着は分散されます。

私はこの３つの法則を、今では仕事でも活用しています。

メインのお仕事は「婚活アドバイザー」ですが、私はその他に「イベント企画」や「ジュエリープロデュース」も行っています。

仕事以外にも「家事」「子育て」「趣味」があるので、どれかに執着することなく、すべて軽い気持ちで楽しく取り組めるのです。

あなたも執着を分散させ重いエネルギーを外して、軽やかに婚活も人生も楽しんでくださいね。

Mammy's theory 31

重い執着のエネルギーは分散させていこう！

婚活10年続ける人

「婚活」に執着しまくっている。

4か月で結婚する人

「婚活」以外のことにも取り組んで、執着を分散させている。

第4章

運命の彼と出会うために、これさえやればいい5つのステップ

それでは、いよいよここから、

これだけやれば、あなたの幸せな結婚という願いは叶います！

という、とっておきをお伝えしていきます。

願いが叶っていくには、ステップが必要なんです。

さあ、今すぐ始めましょう！

ステップ１　自己受容　～決して自分を責めない～

まずは、これが大事！　本当に大事！

自己受容とは、そのままのあなたを、あなたが認めるということ。

私は小学生の時にいじめにあったので、自分を受け入れられない自分が本当にイヤでした。「なんで、私は生まれてきたんだろう」そんな気持ちさえありました。

そして、自分を表現するのが怖くなっていきました。私が意見を伝えるといじめられる。どうせ私の意見なんか採用されない。誰も私の話を聞いていない。毎日そう思っていました。

「やっぱり私はダメなんだ」そんな思いを、30歳過ぎても、捨てられませんでした。

だから、恋愛で失敗すると、「やっぱり私は結婚できない」に結びつけていたのです。

そんなふうに自分を責め続けていた私は、38歳の時に「量子力学」という物理学を学んで気づきました。何度もお伝えしているように、この世にあるものは、すべてエネルギーです。

量子力学では、**「放ったエネルギーと同等のエネルギーが返ってくる」**といわれているのです。

つまり、自分が自分に対して「私はやっぱりうまくいかない人間なんだ」という意識を飛ばしていると、周りもあなた自身が放っているエネルギーに同調し、「あなたはうまくいかない人間ね」を返してくるといわれています。

そう、まずは自分で自分を認めてあげなければ、他人から認めてもらうことも愛されることもないのではないか、と気づいたのです。

そして、自己受容ができていない状態で、いくら望みを描こうが行動しようが、根っこが、自分が自分のことを信じていないなら、願いは叶わないことにも気づきました。

願いは、自分を信じているから叶うんです。**自分が自分のことを認めて、自分にはその願いを叶える力があると信じることで、どんどん願いは叶っていきます。**

自分を認める、自分を受け止めるとは、極端な話、「願いなんて叶うわけない」「自分を信じられない」「自信がない」と思っている自分すら、認める、受け止めるということ。

どんな自分も認めて、受け止めてあげることで、自分がホッとするんです。安心するんです。私は私でいいんだなと感じられるんです。

だから、まずは決めてください。あなた自身がどんなあなたも受け入れると。

願いを叶えていくには本当にここがスタート。

あなたを認めて受け止めて、あなたがあなたの願いを叶えていくんです。

では、「どんな私も受け止めるため」に、具体的に婚活10年目の私は何をしたのかを説明していきますね！

私の場合は、次のたった2つです。

① 自分に I LOVE YOU 作戦

長年、私は自分を責める癖、自分のイヤなところは受け入れられない癖を持っていたので、いきなり自分を受け入れよう、好きになろうとしても無理でした。

そこで、「私は私が大好き!」とまずは自分に言ってみるのがいいと聞いて、鏡の向こうの自分に伝えようとしました。でも、言えないのです。本心で思っていないから。愕然としました。私は私に大好きと言うことすらできないんだと。

考えついたのは、言葉に価値をつけているから言えないのだということでした。同じような意味の言葉で言いやすい方法は何だろう、と考えた時に思い浮かんだのが、英語で自分に伝えるということでした。

そこで、毎朝「I LOVE YOU」と鏡の中の自分に向かって言ってみました。

英語を話さないので、言葉に価値をつけていなかったからか、簡単に取り組めました。

感情を込めなくても、潜在的に脳は、「この英語は自分を愛している言葉」だと認識しているので、「私は私が大好き」という意識が入り込みます。

普段、英語をお使いの方で抵抗のある方は、フランス語、中国語、韓国語などで試してみてもいいのかもしれません。自分が抵抗のない言語を選ぶのがコツです。

②闇の自分も愛します作戦

鏡の中の自分に毎朝「I LOVE YOU」と唱えることで少しずつ、私は私を受け入れ始めた！という感覚がやってきました。

ただ、自分の中のいい部分は認めることができるけれども、自分の中のイヤな部分はなかなか受け入れられないことに気づいたのです。自分を認める努力をする一方で、自分の中の劣っている部分を見つけて、ダメ出しする毎日を、私はまだまだ続けていたのです。

そこで私は、今度はつぶやき作戦を思い付きました。

「私は、闇の自分も愛す」

と、今度は寝る前に、寝室の天井を見ながらつぶやいて寝ることを始めました。

時には言えずに、そんな自分に悔しくて涙することもあったけど、つぶやいて寝るように頑張りました。

闇の自分とは、容姿が悪い自分、誰かに嫉妬する自分、すぐに人と比べる自分、そして、それらの自分にダメ出しする自分、自分が自分の闇だと感じる部分、すべてのことです。

ステップ2　自己肯定感を高める

自己受容ができてきたら、今度は、もっともっと自分の価値を高めてあげてください。

婚活10年目の私は、「ダメなところもたくさんあるけれども、それも認めることができてきたから、今度は、自分が持っている素晴らしい部分を数えてあげると、もっと自分のことが好きになるのではないか、自分のことを信じられるのではないか」と考えました。

そこで、人と比べて0・01％しかないものでも、持っていることには変わりないから、そこを認めてピックアップし、たくさん褒めてあげると自己肯定感が上がるのではないかと考え、次の2つの方法を行っていったのです。

それでは、私が具体的にどんなふうに自己肯定感を高めていったのか、その方法を説明していきます。

①アファメーション作戦

アファメーションとは、自分自身に対する肯定的な宣言のことです。簡単に言うと、ポジティブな口グセのこと。

第3章で伝えたように、あなたの潜在意識が如実に反映されるのが、あなたが使う、普段の「言葉」つまり「口グセ」なのですから、自分の潜在意識に自分への肯定的な言葉を入れ込んだほうが、理想のあなたに近づきやすくなります。「言葉」があなたを作っていくのです。

そこで私は、以下のことを毎朝つぶやき始めました。
自分の心に響きやすくするために「私は」で始めます。

私は魅力的である
私は笑顔が素敵である
私には包容力がある

どうしても言いづらいものは、「なりつつある」に変換してみました。

私は魅力的になりつつある
私は笑顔が素敵になりつつある
私は包容力を持ちつつある

自分の「なりたい像」を意識して、自分で考えて唱えていってください。思いつかない方は、次ページのアファメーションシートを見て、ピンとくるものを毎日つぶやいてみてくださいね。

② 自分の素晴らしい部分を書き出す作戦

自分が思う、自分の素晴らしいところもノートに書き出しましょう。ノートに書いて視覚化させたほうが、より脳や潜在意識に届きやすいからです。

ここで注意していただきたいのが、「自分が思う、自分の素晴らしいところ」です。

アファメーションシート

私はエレガントである

私は知的である

私は朗らかである

私は思いやりがある

私は余裕がある

私は誠実である

私はオシャレである

私は愛に溢れている

私は素敵な彼と結婚する

私は世界一素敵である

私は満たされている

私は幸せである

私は豊かである

私はすべてを許せる

私はみんなに愛されている

私は私を愛している

世間ではよく思われないことでも、自分がいいと思えば、それは立派な自分の素晴らしいところです。

例えば、私は料理がうまく作れないし、不器用だし、お酒も好きです。でも、自己受容を続けていく中で、これも個性だし、一つの私の魅力なのかも、と思っていいのです。だから、

・私は料理を美味しく食べられる

作るのは好きじゃないけど、他人の料理を美味しく食べることができます。

・人に教えるのが得意

不器用で失敗が多い分、悩んでる人に乗り越え方を伝えるのが得意。

・楽しくお酒を飲める

言い換えると、飲んべえ。

と、自分が思う自分の魅力を書いていきました。

あなたもぜひ、「あなたの素晴らしい部分」を書き出して、自己肯定感を上げてください。

Work

あなたの素晴らしい部分はなんですか？

そして、「自分ができたこと」をピックアップするのも、自己肯定感を上げるには効果的です。どんな小さなことでもいいんです。

「行きたかったランチのお店に行けた」

「昨日より、少し仕事のスピードを上げられた」

「嫌いな上司に自分から挨拶できた」などなど。

脳は事柄の大小の区別なく、できたことをできたこととして認識するといわれています。ということは、「お風呂に入って体を洗うことができた」も「幸せな結婚ができた」も同じ「できたこと」になるのだそうです。

自分が少しずつできたことを数えてあげると、どんどん「いろんなことができる自分」「幸せな結婚ができる自分」の気持ちになっていきます。

さらに何かを達成した瞬間に、「よっしゃ！」「できた！」「やった！」と自分に声かけしてあげると、さらに自己肯定感は上がるといわれています。

周りに誰かいたら心の中で、誰もいなかったら声に出して、言ってみてくださいね。

ステップ３　自分の本音を満たす

自己受容ができて、自己肯定感が高まってくると、なんだか自分のことがとっても大切になってきます。

そして、大切な自分の望みを満たしたくなってくるのです。

自分の中に３歳の女の子がいて、その子がやりたいことをやっていくのが、自分の本音を満たすことだと私は思っています。

それでは、私が行っていた、自分を満たすための方法をお伝えしましょう。
それは、
今、何がしたい？と自分に聞く作戦。
小さなことから始めましょう。
今、何が食べたいのか、何が飲みたいのか、どこへ行きたいのか、何をしたいのかを知り、それに沿って動いてあげます。

自己受容、自己肯定感を高めることをやっていないと、「なんで自分のためにやるんだろう」＝「信じられない自分のために動けない」になってしまいます。

大切な○○ちゃん（自分の下の名前）のために、今彼女がしたいことをやってあげる感じです。


大きな夢を叶えるために大事なことは、小さなことをおろそかにしないで、日常の小さなことを地味にコツコツとやっていくことです！

ステップ4　イメージする

願いを叶えていくうえでイメージするのはとても大切なこと。

何度もイメージしていくと、脳が「これは大切な情報に違いない」と認識して、そのイメージという情報を達成するために体が動き始めるからです。

ただ、これまでのステップ１、２、３に取り組んだうえでイメージしなければ、「自分なんて無理」「できるはずがない」と、脳はせっかくのイメージを打ち消し始めます。

だからこそ、自己受容と自己肯定感を上げて、本当に得たい大きな目標を繰り返しイメージする必要があるのです。

私が取り組んだ３つのイメージ作戦をお伝えしましょう。

①五感を使ってイメージ作戦

視覚、聴覚、味覚、嗅（きゅう）覚、触覚を使ってイメージすると、あたかもそれを体験したかのような臨場感が生まれ、達成しやすくなるといわれています。

例えば、私が結婚前にイメージしていたのは、「ハワイで、海の匂いや爽やかな風を感じながら、目の前に集まった私の親戚や友達からの『おめでとう！』という声を受けて『ありがとう』という感謝の気持ちを抱いている」というものでした。

そして、その気持ちを先取りするのも大事。先に味わってみるのです。

「なんて嬉しいの」「なんてありがたいんだ」そんな気持ちを味わっていると、実際に涙が溢れてきました。

そのイメージを持ち始めて、ちょうど1年後に私は、ハワイではなく、大好きな東京タワーの見える結婚式場（妊娠6か月だったため）で、「あれ、この感覚、何だか懐かしいな。あ、イメージしていた感覚と同じだ。実際に起こるんだな」と感じていました。

だから、あなたも五感でイメージして、感じて、最後に感情を味わってくださいね。

②朝と晩にビジョンマップ作戦

潜在意識にアプローチしやすい朝と晩に「こうなりたい画像」や「ビジョンマップ」を見ると願望は叶いやすいです。

私のお客様で、携帯の待ち受けを「カップルの後ろ姿」に変えた途端、３か月後に彼氏ができた方がいらっしゃいました。

また、私はビジョンマップを作成して、朝晩見るようにしたら、たった半年で7つの願望があっという間に叶いました。

ビジョンマップとは、大きめの画用紙やボードに自分の目標に近い写真を雑誌から切り抜いたり、ネットプリントしたりして貼り付けるものです。

作り方のコツは、目標の画像を貼り付けたら、その下に文字も書いていくということ。

「結婚して、親、周りの親戚、友達も幸せな気持ちになれた」

「自分のセミナーを通して、たくさんの女性が幸せになれた」

など、自分の夢、目標が達成することによって、周りも幸せになっていくことを付け加えると、より周りからのパワーももらえるような気がしています。

ビジョンマップのすごいところは、それを見るたびに、「あ、自分の最優先事項はこれなんだ」と自覚でき、行動に無駄がなくなるので、最短で夢が叶っていくことだと思います。朝起きた時や寝る前にすぐに見られるような位置に、ビジョンマップを飾ってみてくださいね。

③ 未来日記作戦

こんな1日になる、こんな未来になる、と決めることで、そのような現実が起きやすいと量子力学の世界でもいわれています。

まず、自分の好きなノートとペンを用意します。

朝、1分くらいで次の3行をノートに書きます。

1行目：今日1日で起きてほしいこと、簡単に叶いそうなことを書く

(例) 体調がすこぶる良い！ ありがとう！

2行目：半年後、1年後に叶いそうなことを書く

（例）なんかわからないけど、プロポーズされた。ありがとう！
3行目：今日1日で起きてほしいこと、簡単に叶いそうなことを書く
（例）仕事がスムーズにはかどった。ありがとう！

最後に、書いた3行を眺めてニヤニヤします。「あー、嬉しいな。幸せだなあ」というハッピーな感情に浸ります。

そして、大きな望みを小さな望みで挟むと、大きな望みも叶いやすくなります。大きな望みは、「なんかわからないけど」って書くのが大事。

自分の夢や意図を描くのに、プロセスは宇宙に任せて、自分で決め付けないほうがいい。ゴールだけ思い描いていたほうがいいのです。理由は、様々な可能性を自分の固い思考で遮断してしまうからです。

そして、願いを叶えることが目的ではない。朝、ハッピーな気分になるのが大切ということも意識してください。

ハッピーな気持ちになれば、ハッピーな出来事を引き寄せるからです。願いが叶うにはタイムラグがあります。夢はそれぞれ叶うスピードも違うのです。

ステップ5　軽動する

「軽動」というのは、私が考えた言葉です。「行動」というと、どうしても重くとらえてしまいがちな方が多いので、「軽動」という言葉を使うようにしています。

何かを叶えようとすると、最終的には動かなくてはなりません。部屋の中でただ祈っているだけでは、現実は動きませんものね。

願いを叶えるためには、ふと閃いたことをやっていくのみです。

ただ、その閃いたことをやっていくのは、自己受容、自己肯定感を上げ、自分の本音を満たし、自分の夢をイメージした後。だって、自分のことを最悪、自分が信じられない、自分の本音がわからない、自分はどこに向かっていけばいいのかわからない状態では、「軽動」できないんです。動けないんです。

だからこそ、「願いが叶う5つのステップ」の順番はとても大切！

ぜひ、１から順番に行っていって、ステップ５にきてまだ動けないようでしたら、ステップ１に戻ってやってみてくださいね。

それでは、ステップ１からステップ４を行った私が、最終的にステップ５の「軽動」をどうやったか、具体的にお伝えしていきます。

「軽動」をしたことで、10年間婚活していた私が、38歳アラフォーで、３か月の間に９名の男性から熱烈なアプローチを受けたのです。どうやって、９名の男性と出会って、仲良くなったのかも、詳しくお伝えしていきます。

「私」だからできたんじゃないんです。これらを実行したアラフォーＨＡＰＰＹ婚講座生で、めっちゃモテた方や幸せな結婚をされた方がたくさんいます！

①　笑顔を意識する

「人気ボイストレーナー」として、過去何度かテレビや新聞、ラジオ、雑誌に取り上げてもらっていた私は、自分の顔を客観視するたびに、歯並びの悪さが気になっていました。

そこで、一念発起して「歯の矯正」を始めたのですが、今度は矯正している自分が気になってしまって、1年間くらい、なかなか人前で大きな口を開けて笑えませんでした。

その矯正が取れたのが、38歳の夏。嬉しくて嬉しくて、口を隠さずにずっと笑っていたのを覚えています。

やっぱり笑顔は最高のお化粧。

「なんだか楽しそうに笑っている笑顔に惹かれて、声をかけさせていただきました」と38歳の私が街でナンパされたのです。そして、そのまま、その男性とバーに行き、何度も口説かれました（笑）。

② 周りに宣言する

「私、本気で婚活する！」と周りに漏らし始めたのも、この時です。婚活9年間、私は周りに恥ずかしくて婚活宣言できませんでした。でも、大切な私の思いを叶えていきたいと強く感じ、意を決して、周りに婚活していることを宣言し始めたのです。

親友もちょうど婚活をしていたので、私の気持ちを汲み取った彼女は、私に「婚活アプリ」を教えてくれました。

「えー、なんか登録するの、面倒くさいな」とつぶやいたら、彼女が私に代わって登録してくれたので、私はすぐにアプリで婚活を始められたのです。

出会う男性は、肯定感を高める前と後では全然違いました。

10年前にアプリで出会った男性は、真夏にセーターを着ていたり、私の話を聞かずにずっと自分が好きな聖飢魔Ⅱの話をしているような、ちょっと変わった人ばかりでした。

ところが、38歳で、自己受容と自己肯定感を高めた私が出会った男性３人は、皆、素敵な方でした。話す内容や醸し出す雰囲気は良かったし、３人とも一緒にいて楽しかったです。そして、何とこの３人の男性から「結婚を前提にお付き合いしてほしい」と一気に告白されたのです。

同時期に、半年前の婚活イベントで出会った男性からも声をかけられ、何度か飲みに行きましたが、彼も仕事の悩みに答えてくれたり、会話が止まらなくなる、知性のある素敵な男性でした。

この男性からも「お付き合いしてほしい」と言われましたが、彼がヘビースモーカーだったため、お付き合いは断りました。

③ 好きなことを追求する

・一人でバーに行ってみる

お酒を飲むのが好きな私は、家の近くで一人で飲めそうなバーを探しました。何軒か探したのち、理想のバーに辿り着きました。マスターとの会話を楽しみながら何回か通ううちに、お店のお客さんである外国人の素敵な男性を紹介してくれました。私が英語ができないので、結局、ＬＩＮＥのやり取りはすぐに終了してしまいましたが、とても紳士的で、「I LOVE YOU」と素直に伝えてくれる男性でした。

・人前で歌を歌う

私は過去、アーティストでした。ＣＤを何枚か出したこともあります。とにかく歌うことが好きだったから、ボイストレーナーにもなりました。

私が働いていたボイストレーニングスクールの発表会前に、あるパーティーで歌う機会があったのですが、それを聞いた一人の男性に声をかけられました。それが、福山雅治似の爽やかな超イケメン。「素敵な歌声ですね。魅了されました」と言われ、私はフォーリンラブ。

そこから私の彼への片思い期間は2か月続き、私は彼に自分の名刺を渡し、メールのやり取りが始まったのです。初めて二人でお会いした時に、彼が結婚している方だとわかり、あっけなく、私の恋は終わりましたが…（ただ、その後も結婚している彼からのお誘いは止まりませんでした）。

・仕事を楽しむ

ボイストレーニングのスクールで、私は課長職でした。東京だけでなく、名古屋や福岡のスクールの管理を任され、２０００名の生徒さんの指導もしていました。部下は約30人。５００円玉サイズのハゲができるほど、神経を使って仕事をしていました。

仕事をするなら、自分にとって、何が楽しい時間なのかを把握しておくことはとても大切です。

私の場合は「レッスン」でした。本当にかけがえのない至福の時間でした。そのレッスン中に、２人の男性生徒さんから告白されました。そのうちの一人が今の夫です。

「ああ、焼き鳥屋さんに行きたいな、マミィさんと」

福山雅治似の爽やかな超イケメンに失恋した私は、気分転換に今の夫と飲みに行くことにしました。

そこから、夫とのお付き合いが始まったのです。


以上、願いが叶っていく5ステップを詳しくお伝えしました。

10年間、婚活していた私が最終的に行ったのは、意識したのは、この5つのことだけ！


そして、何度も言いますが、**この順番が大事**なんです！


まずは、どんな自分も認める、受け止めることから。初めは受け入れられないかもしれないけれど、ただ、こんな自分がいるんだと受け止めることはできると思います。

実際、私の場合も、このステップを踏みながら、自分に寄り添っていった先に、**どんな私も受け止めてくれる夫が現れたのです。**

そして、このステップを踏んで結婚したHAPPY婚講座生の旦那様も、みなさん、見事に、奥様に寄り添ってくれる最高の男性たちなんです！

どうですか？　たった5つのこと、やりたくなってきましたか？
成功の鍵は、本当にコツコツですから！

Mammy's theory 32

ステップ１～５を繰り返し行っていけば願いが叶う！

婚活10年続ける人

自分に寄り添えない状態で、イメージング、行動をしている。

4か月で結婚する人

自分を受け止め、自分を信じ、イメージング、軽動している。

第5章

長く苦しい婚活をしていた私が4か月でプロポーズされた理由

小さな芽のうちに相手に伝える

２０１５年12月24日に今の夫とのお付き合いが始まるのですが、一番意識していたことは、「気になったことは、小さな芽のうちに相手に伝える」ということでした。

婚活10年選手として、散々婚活や恋愛をしくじってきた私の一番の敗因は、自分の気持ちを相手にうまく伝えられなかったことだったからです。お付き合いが始まり、何か気になる部分があっても、目をつぶったり、我慢したりの毎日でした。我慢しまくって、最終的には爆発して男性が私から逃げるなんてこと、何度あったことか！　散々失敗してきたので、とにかく、気になることはちゃんと相手に話して、相手と理解を深めながら解決していきたかったんです。

だから、夫とのお付き合いが始まったその日から３日間、私のＬＩＮＥの冒頭文は、「何でも伝え合おうね」でした。だから、どんなに些細なことでも私たちは伝え合いました。「今日、こんなことがあって嬉しかった、悲しかった」「こんな本を読んで感動した」などなど、直接会った時もＬＩＮＥでも、本当に毎日毎日伝え合いました。あとは、相手にされて嬉しかったことは「ありがとう」「こんなことしてもらって本当に幸せ」と、小さなことにもたくさん反応していました。

私がそんなスタンスだったからか、夫も本当にこまめに感謝の言葉や嬉しい言葉をたくさん言ってくれたので、自然とお互いの絆は深まったように思えます。

私のお客様からも「お付き合いが始まったけど、彼が私のしてほしいことを何もしてくれない」とよく聞きますが、自分発信が先ですよ。

自分は相手のために何をしているのかを、まずは自分に聞いてみてください。そして、**自分がこんなにしているのに、相手はしてくれないと考えるのもご法度！　すぐに相手が変わるのを求めない！　相手がどんな状態であれ、自分が相手にこうしたいからする！**でいいのだと思います。そのうち、彼もあなたがやってくれたことに感謝するようになる日がくるから。

第４章まで読んでいただいて、自分で自分を幸せにするという認識が何となくできたあなたは、誰かとのお付き合いでも、**自分を幸せにするエネルギーと同じエネルギーで相手の幸せも考えてみてくださいね。**

自分の幸せ、相手の幸せを考えながら、コツコツと2人の愛を深めることが早く結婚するための大事なポイントです！

Mammy's theory 33

小さなことほど伝え合うのが絆を深めるポイント！

婚活10年続ける人

お付き合いが始まったら、相手に伝えることを放棄する。

4か月で結婚する人

お付き合いが始まったら、相手に小さなことも伝えていく。

彼への3つの質問

夫とのお付き合いがスタートして1か月くらい経った時に、私は彼との結婚を意識し始めました。なんとなく、一緒に歩いていきたいなと思うようになったのです。

そこで私は、彼のことがもっと知りたいという思いで、3つの質問をしてみました。

3つの質問とは、

・あなたが幸せな瞬間っていつ？
・あなたが苦しい時はどんな時？
・あなたはこれからどうなりたい？

です。

私は彼にインタビューしながら、紙に書いていきました。そして、「私にできることは何？」とさらに質問していきました。

彼は「こんなこと聞いてくる女性、初めてだよ」と嬉しそうに答えてくれました。

「相手のために何ができるのか」という気持ちが伝わった時、愛されている実感が湧く。

男性だって、女性から愛されたいんです。誰かから愛されている実感を得たいんです。愛されているとわかったら、彼はますますあなたを愛してくれると思いますよ。

その3つの質問をしてから数日たったある日、彼は私に話したいことがあると連絡してきました。そして「1か月前に伝え忘れたのだけど、結婚前提に付き合ってほしいんだ」と言われたのです。

1か月前に彼が私に告白してきた時は、「結婚前提」などの言葉は一切なかったのですが、この質問をきっかけに、やはり私とのことを前向きに考えてくれたようでした。「私はあなたのことを考えていきたいのです」「何か力になりたいのです」という気持ちを、女性が男性に見せることは、彼があなたとの将来を考えるうえで、とても重要なことだと思います。

男性はプライドが高い生き物です。
告白したり、プロポーズする時だって、男性は断られる不安や怖さを持っているのです。

だからこそ、「（告白して）（プロポーズして）イケるかも」という勝算を持っていたいのです。

Mammy's theory 34

男性だって愛されたい！の男性心理を理解することが大事

婚活10年続ける人

私はあなたのことを考えている、という姿勢を彼に見せていない。

4か月で結婚する人

3つの質問をすることで、私はあなたのことを考えている、という姿勢を彼に見せている。

相手の本質を見抜いて、唯一無二の女になる

男性心理の一つに、「自分の本質を理解されたい」というものがあります。社会的に成功していて経済的にも豊かに生活している男性ほど、「自分の表面的なものだけを見てくる女性とは付き合いたくない」という心理があります。

どういうことかというと、単にかっこいいとか、お金を持っていそうとか、社会的に成功しているからという理由で寄ってくる女性には興味がないということ。お金がなくなっても、ハゲても、自分に価値がなくなっても、この人はオレと一緒にいてくれるのか。そんな視点で、男性はお付き合い候補の女性を見ています。

女性だって、男性が自分のことを単に顔やスタイル、職業で見ているだけだったら、なんだかショックですよね。「私でなくともいいやん！」って思いますものね。

モテる男性ほど、女性選びは慎重です。この女性は、「本当に俺の本質を理解してくれるのかどうか」を、見極めています。

では、女性が男性の本質を理解し、それを相手に伝えるにはどうすればいいのか？

前述した「３つの質問」をして、彼の中身を知っていくのは大事ですし、あとは、単に、「かっこいいねぇ」「優しいねぇ」「頭いいねぇ」ではなく、「どんなに忙しくても連絡くれてありがとう」「いつも私のことを気にかけてくれてありがとう」「仕事に対する姿勢を見習いたいな」と、相手も自分の本質に触れられた感じになるのだと思います。**具体的に相手を褒めていくと、かつ自分に自信を与えてくれる女性を、男性は放っておかないのです。本質に触れてくれて、かつ自分に自信を与えてくれる女性を、男性は放っておかないのです。**

私も夫をこのように具体的に褒めていたのですが、すると、夫もより具体的に私を褒めてくれるようになりました。「ちゃんと素直に伝えてくれるところ、好きだな」「自分も周りも良くしようとしているところが素晴らしいよね」「どんな俺にもマルを出してくれるところに惹かれている」などです。

そうすると、やはり、お互いがお互いを唯一無二の人と感じるようになっていくのだと思います。そして、そう感じさせるのが結婚への近道なのです。

Mammy's theory 35

彼が大切にしているモノやコトを褒めてあげて！

婚活10年続ける人

相手を単に表面的に褒めるだけ。

4か月で結婚する人

相手を具体的に褒めて、本質を理解している姿勢を見せる。

自分の弱さも彼の弱さも受け止める

小さい時から「男の子は泣いちゃダメ。強くいなさい」と周りから言われ続けるせいか、男性は自分の中の弱さを出せない方が多いように見受けられます。特に仕事ができる男性は、立場上、弱音を吐けずに孤独を抱えている方が多いのだと思います。

だから、男性は、自分の中のそんな弱さを女性に見せた時に、その弱さをバカにせず、落胆せず、ちゃんと受け止めてくれる方を大事にします。

男性が弱さを見せた時に、「男なんだから、そんな弱いこと言うなよ」って思ってる方、いませんか？　誰にだって弱さはあるもの。自分にも男性にも。そんな男性の弱さを受け止められる、女神のようなあなたでいてくださいね。

では、男性があなたに弱さを見せてくれるようになるためには、どうしたらいいのでしょうか。

それは、あなたがあなたの弱さを受け止め、それを彼にも開示すること。

あなた自身があなたの弱さを認められない、それを人にも話せない、話してしまったら人からバカにされる、バカにされない女性でいたい、というのであれば、あなたはこのまま、常に「人にバカにされないように」という視点で生きていくことになります。

けれども、その視点は、常に意識が他人なので、「自分は本当はこうしたいのに、他人からバカにされるからそれをしたくない」と、自分の思いを置き去りにしています。

あなたは、あなたなのです。
他の誰でもない。あなたを生きてほしい。
弱さを開示したくらいで、人はあなたから離れていきません。

自分の弱さを開示して他人に頼るばかりの人生は考えものかもしれませんが、少しくらいの弱さで人はあなたを否定しません。むしろ、普段、気丈なあなたが弱さを吐き出すことによって、周りは親近感を覚えるのだと思います。

私自身も、本当に人に弱さを開示するのが苦手でした。そんなことをしたら人から嫌われると思っていました。

そんな私が第４章の「闇の自分も愛します作戦」で、少しずつ自分の弱さや闇を受け止められるようになった時に夫と出会ったので、まずは私の弱さを打ち明けました。

私「今、仕事が大変で、心が疲れているんだよね…」

彼「どんなふうに心が疲れているの？」

私「仕事を通して、自分の不甲斐なさに気づいたり、深刻に考えすぎるクセがあって、そこから派生させて仕事以外のこともマイナスに考える時があるんだよね」

彼「そうなんだね。俺も実は仕事が今大変で、ちょうどミスしちゃって不甲斐ない自分を感じてたんだよね」

私「へー、びっくり！　福本さんでもあるんだね。ただ、一生懸命に仕事しているのを私は知っているし、周りも気づいているから、少しくらいのミスなら大丈夫だよ」

お互いの弱さを開示して、お互いが受け止めた時に、お互いの絆がさらに深まったことを私は忘れません。

私のお客様にも、彼に自分の弱さを見せたら、彼も安心して自分の弱さを彼女に見せてきて、それを彼女が受け止めたのがきっかけで、結婚に至ったケースがあります。

怖がらずに、まずは自分の弱さをさらけ出すことから。

Mammy's theory 36

自分の弱さも彼の弱さも まずは受け止めましょう。 認めましょう。

婚活10年続ける人

自分の弱さを彼に見せられない。

4か月で結婚する人

自分の弱さも彼の弱さも受け止められる。

彼の応援団長になる

あなたは彼（未来の彼）の応援団長になれますか？

自分の応援団長になったあなたが次に行うことは、彼の応援団長になること。彼の未来を彼以上に信じて、いつも応援してくれて、励ましてくれる彼女がいれば、彼はもうあなたとずっと一緒にいたいはず!! 私が夫とのお付き合いが始まって意識したことの1つに、この応援団長作戦があります。

彼「仕事でミスをしてしまったから、次の給料が下がるかもしれない」

私「ミスしたくてしたわけじゃないよね。あなたが最善を尽くして仕事をしていることを周りは知ってるから、大丈夫！ もしお給料が下がっても、次で挽回すればいいじゃない！」

私は、彼に寄り添って、彼に必要な言葉をかけるように努めました。それは、私にとっては簡単なことでした。**なぜなら、私は婚活を通して私の応援団長だったから。私への言葉かけをたくさんしてきていたからです。**

落ち込んだ時には励まし、閃いた時には「いいね！」とまず肯定してくれる私のことを、夫は心強く感じたようです。そして、私の存在が彼の自信アップにつながり、こんなに俺に自信を与えてくれる女性はいないと、お付き合い中に夫が感じたのも、私たちの結婚が早かった理由の1つだと思います。

Mammy's theory 37

まずは自分の応援団長！それができたら彼の応援団長にもなろう！

婚活10年続ける人

自分を励ませないから、彼の応援団長にもなれない。

4か月で結婚する人

自分を励ませるから、彼の応援団長にもなれる。

マイナスなことはメールやＬＩＮＥで伝えない

本当に便利な時代になってきました。スマホさえあれば簡単に、そしてすぐに誰かとつながれますよね。

こんな便利な時代だからこそ起きる、ミスコミュニケーション。その多くは、メールだけ、ＬＩＮＥだけで相手に伝えてしまって、お互いの真意が伝わらないからだと私は思っています。

メールだけ、ＬＩＮＥだけのコミュニケーションというのは本当に危険です。傷つくのが怖くて、文字だけで相手に伝えようとするのがそもそもの間違い。余計、傷ついてしまいます。

なぜなら、文字だけでは、自分の気持ちも相手の気持ちもわからないから。ちゃんと話せば、相手の表情や間の取り方、声のトーンなどから、本当は相手がどう思っているのかが予測しやすいけれど、メール、ＬＩＮＥだけだと相手の情報もわかりづらいし、自分の情報も与えづらいですよね。

相手に対する好意的な気持ちやプラスの感情を伝える時は、メールやLINEで送っても問題ないと思いますが、相手に言いづらいことを伝える時、不満や文句がある時は、私は絶対にメールやLINEでは送りません。婚活中のメールやLINEのトラブルは、山のようにありました。

「あなたのこんな言葉で私は傷ついた」
「なんであの時、あんなことをしたのかわからない」
「もう会いたくない」

怒りの感情に任せてメールやLINEで思いを伝えたために一切返事が来なくなったり、LINEをブロックされたりして傷ついたことも数多くありました。

このような経験を経て、

メールやLINEだけでは伝わりづらいし、誤解を招く可能性もあるから、マイナスなことは絶対に口頭で伝えようと決めています。

恋愛に限らず、仕事や友人とのやり取りでも、この原則は守っています。

夫と私は、お互いのちょっとした不満でも、直接会った時や電話で伝えるということを怠りませんでした。相手に誤解されずに、ちゃんと話し合いで解決できていたことも、私たちの結婚までの道のりが早かったことにつながったのだと思います。

Mammy's theory 38

文字という難しい手段だけを選択しないように！

婚活10年続ける人

不満や愚痴をメールやＬＩＮＥで相手に伝える。

４か月で結婚する人

マイナスなことは直接会った時や電話で伝える。

2人の共有ノートを作って、私との未来を意識させる

夫と出会った頃の私は、かなり未来を見る女になっていました。

常に、「今何したい？　ここからどうしたい？」と自分に聞くクセがつき始めていました。

だから、デートの時も、

「私は、これから女性を幸せにするようなお仕事をしたい」

「この前行った伊勢がすごく良かったから、また行ってみたい」

と未来についてよく語っていました。

自分が未来について語るものだから、夫も自然に私に自分の夢を聞かせてくれました。

「仕事を通して、もっとたくさんの人たちを幸せしていきたい」

「パラオに行って良かったから、また行ってみたいな」

などです。

そんな未来の話をしながら、

「今度、伊勢に2人で行ってみよう！」

「家の近くの焼肉屋さんが美味しいみたいだから行ってみよう！」と、どんどん紙に書いていったのです。その紙を見ながら、行けたら、やれたら、１つずつマルをしていきました。

また、このリストの他に、「言われたら嬉しいこと」リスト、「されたらイヤなこと」リスト、そして、「結婚したらやりたいこと」リストもさりげなく書いていました（笑）

そう、「私の未来の中にあなたはいますよ」とさりげなくアピールして、「私はあなたと結婚する予定」という気持ちを見せていたのです。

彼との未来はあたり前という、まずは自分自身の気持ちを定めることが、彼があなたとの結婚を意識する1つの大きなポイントになります。

あなたもぜひ書いてみてください。

今彼がいない方も、未来の彼とやりたいこととして書いてみてくださいね。

・２人でやりたいこと
・２人で行きたいところ
・言われたら嬉しいこと

・されたらイヤなこと
・結婚したらやりたいこと

Mammy's theory 39

まずは２人で行きたいこと、やりたいことを話したり、書いたりするクセを！

婚活10年続ける人

未来、やりたいことを２人で話し合っていない。

4か月で結婚する人

未来、やりたいことを２人で話し合っている。

マイフレンドジョン作戦

マイフレンドジョン作戦を聞いたことがありますか？

これは、相手に意識させたい内容を、友人から聞いた話や一般論の中に意図的に含ませることで、そのイメージを植え付ける話法です。

例えば、彼に結婚を意識させたい時に、○○ちゃんの話なんだけどね、と切り出し、幸せな結婚生活を送っている友人の話を出す。

「あみちゃんの旦那様は結婚にすごく怖れを抱いていたみたいなんだけど、やっぱりあみちゃんを失いたくないと勇気を出して結婚したら、『なんでもっと早くに結婚しなかったんだろう』というくらい、とにかく結婚生活が楽しいみたい」

というように、結婚生活＝楽しい、ポジティブなものであるという意識を彼に植え付けていくのです。

私はこれを意図せず使っていたことに、結婚してから気づきました。夫と3回目のデート（東京タワーデート）の時に、夜景を見ながら、私は彼にあることを伝えたのです。

「私の尊敬するご夫婦の話なんだけどね、2人が結婚した時には、奥様のお父様は他界されていたの。でも、その前にお付き合いしている報告をしに奥様の実家に行って、旦那様は奥様のお父様にお会いしていたんだよね。報告をしておいて本当に良かったって言っていたわ。私の父親も高齢で、この前手術もしていたし、いつどうなるかわからないから、お付き合いしている報告をしに愛媛（私の実家）に行かない？」と。

あ、十分、あからさまですね（笑）。

ただ、ポイントがあって、

① 本当に切なそうに伝える。

② あくまで、お付き合いしている報告だけをしに行きたいことを強調するのです。

この作戦がうまくいって、私たちは私の実家に行くことになりました。

彼が行くことを承諾したら、日程まですかさず決めてくださいね（笑）。

そして、実家に行く日が迫ってきたとき、私は、「愛媛まで遠いよね。お付き合いの報告の後、また（結婚の）報告をしに行くのだったら飛行機代もかかるよね。どうする？ 1回でいろいろ報告する？ それとも、また飛行機代かけて愛媛に行く？」と聞いてみました。４か月ほどお付き合いしてみて、夫はお金に対して堅実派なことがわかっていたので、あえてお金がかかる話をして、彼の心を揺さぶりました。

しばらく悩んだ後、夫は「結婚の挨拶もしに行こう」と言ってくれました。本当に嬉しかったです。

ただ、その後、何日経っても、プロポーズがなかったので、「もうすぐ愛媛だよね。両親に話す前に、やっぱりけじめの言葉がほしいなあ」と、私は夫につぶやくように伝えていました。すると、その１週間後に、東京タワーが見えるレストランで、24本のバラと一緒に、「24時間君といたい。結婚してほしい」とプロポーズしてくれたのです。

男性は、結婚に対して臆病な人が多いです。結婚は墓場とすら考えている方もいます。なぜなら、男性にとって結婚は「なくなるもの」。つまり、自由がなくなる、お金がなくなる、時間がなくなるととらえるから。逆に、女性にとって結婚は「増えるもの」。２人の時間が増える、お金が増える、気持ちの余裕が増えるととらえている人が多いですよね。

だからこそ、男女の結婚観に差が出てくるんです。

そんな中、やはり女性側から結婚を仕掛けていくのはとても大事。

私の場合は、自分が仕掛けて相手にプロポーズしてもらいましたが、今の時代、これだけ男女平等と叫ばれているのだから、女性からプロポーズしたっていいんです。

「式や旅行、指輪も折半で！　結婚後のお財布も別にしましょ。こんな形の結婚はどうかな？」と提案して結婚が決まったお客様もいます。

Mammy's theory 40

告白もプロポーズも、どちらがしたっていい！　最終的にうまくいけばいいだけ！

婚活10年続ける人

結婚を男性のタイミング任せにしている。

4か月で結婚する人

プロポーズさせ、もしくはプロポーズして、結婚を自らつかみ取る。

彼とケンカした時はこう唱える、「運命の彼とは何があってもうまくいく」

結婚に向けて、順風満帆に進んでいると思った矢先に、私はある大きな失敗をします。結婚に焦るあまり、相当馬鹿なことをしてしまったのです。それは、「彼に嫉妬心を抱かせたら、彼は私とすぐにでも結婚したいと思うのではないだろうか」という焦りの気持ちからの、彼の嫉妬心をあおる作戦でした。

ある日の夜、彼からのＬＩＮＥを無視して心配させて、次の日のＬＩＮＥで、「男性の同僚と飲んでいた」と伝えて、彼の嫉妬心をかき立てようとしました。すると、あわてて入籍の話を切り出してくれるはずという私の目論見に反して、彼は、「マミィとの将来のことは白紙に戻したい」と電話で言ってきたのです。「なぜ？　どうして白紙に戻そうとするの？」と聞くと、「マミィが俺に嫉妬させようとしているのもわかるし、結婚を焦っているのもわかる。マミィは俺と結婚したいんじゃなくて、ただ結婚がしたいだけなんじゃないのか？」と。

心から落ち込みました。さらに追い打ちをかけるように、「俺を試さないでほしい」とも言われました。

あなたは、結婚を焦るあまり、私のような失敗をしたことはありませんか？

「焦り」は、百害あって一利なしです。

焦った時こそ、自分が今できることを一生懸命にやるのみなのです。

私は、翌日、彼にちゃんと「私はあなたと結婚したい」と伝えました。

それからは、彼を安心させるため、友達と飲みに行った時は友達と一緒にいる写真を送ったり、どんな友達なのかを詳しく説明するようになりました。そう、彼の信頼を取り戻すために、できることはやろうという意識でした。

彼をこんなに怒らせて、彼の信頼もなくして、彼はもう私との結婚を考えられなくなったかもしれないけれども、「運命の彼とは何があってもうまくいく」そんな気持ちで、結果は天にゆだねて、信頼回復に努めました。

すると、数日後に、「俺もマミィと結婚したい。ちゃんと将来のことを考えているから」と言ってくれたんです。

だから、あなたも、彼との将来に不安を感じ、もうダメかもしれないと思った時にこそ、運命の彼とは何があってもうまくいく。

ぜひ、口に出してみてください。

そう唱えながら、自分が今できることをやるのみですから！

Mammy's theory 41

ピンチはチャンス！

婚活10年続ける人

彼とのピンチが訪れたら、ただただ落ち込む。

4か月で結婚する人

彼とのピンチが訪れたら、今、自分ができることを行う。

私が私と結婚したいというマインドを持つ

あなたに質問です。
もし自分が男性だったら、あなたという女性と結婚したいと思いますか？
YES↓おめでとうございます！　幸せな結婚まであと少しです。
NO　↓残念。婚活はまだ長引きます。

あなたがあなたを自信を持って男性に勧められないのに、なぜ男性に「どうして私じゃダメなの？」と言えるのか。
例えば、あなたがパン屋さんに行って、店員さんに、「このメロンパン、すごく不味くて私は好きじゃないんですけど、いかがですか？」と言われるのと、「このメロンパン、周りはカリカリして中身は本当にふっくらして、私は世界で一番好きなんです。いかがですか？」と言われたとき、どっちを買いたくなりますか？

自分がイヤだと思っているものを相手に勧めるのは、相手にも失礼だし、相手の心は動きませんよね。

だから、まずは私が私と結婚したいくらい、私はオススメです！と相手に言えるあなたであってほしい。

夫と結婚が決まった時、私はこんな心境でした。もちろん、私にもたくさん至らない点があります。スタイルは良くないし、料理はできないし、片付けも上手じゃない。たまに靴下脱ぎっ放しだし、ドアも開けっ放しだし、お腹が空くとイライラする時もあります。

ただ、イケてない自分を含めて、私は私がサイコーだと思っているんです。あんなに自己肯定感の低かった私が、自信がない自分を含めて、「私は私でいい！」と。

それは、第４章に書いてあることを地道にコツコツとやったからです。

その結果、「今の私、最高！」「こんな私と結婚できる旦那様が幸せすぎる！」と思えたんです。

これは、つまり、私が私を愛している状態です。

私が私を愛する＝どんな自分も否定しないし、責めない、そして裁かない。

私が私を愛している状態は、本当に最強です。この先、何が起こっても「私には私がいるから大丈夫」と思えているから。つまり、自分に最強のパートナーが現れたのと同じこと。私は私1人でも最高に満ち足りているから別に結婚しなくても大丈夫だけれども、あなたと一緒にいると、さらに幸せな気持ちを感じられるから、一緒にいる。決して、自分一人だと寂しいからじゃない。ただ、純粋にあなたとの時間が楽しい。

そんな気持ちでいたからこそ、お付き合いして4か月後に夫との結婚が決まったのだと思います。エネルギーの法則で、自分が自分を愛しているから、自分と同じように自分を愛してくれる男性が現れるのです。

だから、まずはあなたもあなたを最強に愛してほしい。「どんな自分もＯＫ！」と常日頃からつぶやいてみてくださいね。

Mammy's theory 42

どんな自分もＯＫ！
と自分の頭の上で、
大きなマルを作って！

婚活10年続ける人

自分が自分と結婚したいと思えずに、
自分を愛してくれる男性を探そうとする。

4か月で結婚する人

自分が自分と結婚したいと思えるくらい、
自分を最強に愛している。

第6章

結婚はゴールではない

～ずっと愛し愛されるために～

自己開示はパートナーシップの肝

第5章でもお伝えしてきましたが、彼に、自分の弱さも不安も、そして彼に対する感謝や、逆の小さな不満も伝えていくと、彼自身も、自分の弱さ、不安、感謝、小さな不満を私に伝えてくれるようになっていきました。

その繰り返しで、こんなに自分のことを認めてくれている、わかってくれている人はいないと、彼にとって私が唯一無二の女性になれるんですね。

うまくいっていないカップルを見ていると、やはり会話が少ない。パートナーシップがちゃんと取れている2人は、本当に腹を割って話しています、伝えなくて、さらに不満が募ったり、募った不安がトゲとなって相手を攻撃していくことを考えたら、「今、ちゃんと伝えよう」こんな気持ちになれるんです。そして、腹をくくって、覚悟して相手に話し始められるんです。

だから、心がザワザワして、相手に切り出すのが怖くなった時こそ、「何のために相手に伝えるのか」を考えるといいです。「あなたのことが大好きで、もっともっといい関係を築きたいから伝えてもいい？」そんな枕詞をつけて、話し始めてください。

自分の良いところも悪いところも、そして相手の良いところも悪いところも、ちゃんとうまく伝えられると、自分も相手もストレスなく、その先付き合えるのだと思います。

Mammy's theory 43

あなたと幸せな未来を築きたいから伝えていい？と可愛く楽しく伝えてみて。

結婚しても幸せになれない人

相手に対する小さな不満を怖くて伝えられない。

幸せな結婚をしている人

相手に対する小さな不満をうまく伝えられる。

パートナーとずっとラブラブでいられる話し方

パートナーが、あなたのことを考えずに自分の意見だけ押し付けてきたり、責めるような話し方だったりしたら、その人とそれ以上話したいと思いますか？
逆に、「あ、何だか、すごく私に配慮してくれて、私のことを考えてくれて話してくれてるな」と、感じられるような話し方をされた時って、ずっと、そのパートナーと話していたいって思いませんか？

人は自分のことが一番大事で、自分のことを一番に考えてもらいたいんです。
だから、相手が抱えている潜在欲求を理解しながら話す人って、恋愛も仕事も結婚生活も育児もうまくいきます。本当に話し方で人生が変わると言っても過言ではありません。

私のお客様からの質問で多いのが、パートナーにマイナスのことをどう話せばいいのか、ということです。例えば、彼からの返信が遅くて、いつも悲しい気持ちになる時、どう伝えればいいのか。

「最近、なんか忙しいの？（相手の状況を確認する）そうなんだね。本当にお仕事大変だよね、いつも一生懸命仕事をしているあなたを尊敬している。ただ、あまりにも返信が遅いと、何かあったのか心配してしまうから、簡単でいいから返信してもらえると、すごく嬉しいの」

女性と比べて男性の方が理性の生き物なので、論理的になぜそうされると悲しいのかを説明すると、考えや行動を改めてくれるパターンが多いです。

そして、まずは相手の状況を把握するのが大事。相手には相手の背景がありますから。最後にこうしてもらえると嬉しい、というあなたの要望も伝えておくと、根本的には女性のために何かしてあげたいと考えている男性は、どうすればいいのかがわかって、具体的に動きやすくなります。

Mammy's theory 44

相手がすぐに変化することを期待しない。まずは相手を思いやって話すことをゴールに！

結婚しても幸せになれない人

相手を責めながら話す。

幸せな結婚をしている人

相手の背景を理解して、相手を思いやりながら話す。

感謝の言葉をログセにする

「かっこいいね」「好き」「本当にありがとう」を私は意識して彼に伝えています。

特に寝る前が大事。第４章でお伝えした通り、寝る前、朝起きた時は考えたことや言葉にしたことが潜在意識に届きやすいといわれています。

だから、夫に対する褒め言葉も、寝る前や朝に伝えます。潜在的に、「俺はかっこいい」「俺は愛されている」「俺は感謝されている」と認識して、さらに彼の自信がアップするのです。

ただ、寝る前や朝以外にも、基本的には私は思いついた時に伝えるようにしています。

なぜなら、人間はいつ死ぬかわからないから。伝えたい時に伝えられなかった後悔だけはしたくないと思っています。

私がインタビューをした、幸せな結婚生活を送っている女性たちも同じことを言っていました。

「彼を好きだと思ったら、その瞬間に伝えたい。次の瞬間、何があるかわからないから。いつどうなるかわからない人生だから」

本当にその通りだと思います。


結婚して、年月が経ってくると、旦那様に対して「好き」とか「かっこいい」とか肯定的な言葉をかけるのが何だか恥ずかしくて負けた気になるからしない、という女性もいるけれど、私からすると、「負けてもいいじゃない」と思っちゃいます。

この世は勝ち負けじゃないし、男女の世界も勝ち負けじゃない。勝ち負けばかり意識していて、楽しいのでしょうか。それより、相手といかにより良い結婚生活を送っていくのかを考えたほうが毎日は充実します。


肯定的な言葉はすぐに伝えたほうが相手は喜ぶし、「好意の返報性」で、人は、人から好意ある施しを受けたり、親切にしてもらったときに、それ以上の好意や親切をもってお返ししたいと思うから、相手はあなたに対しても、肯定的な言葉をたくさん言ってくれるようになるのです。

あなたが彼に、「かっこいい」「好き」「ありがとう」と伝えれば伝えるほど、彼もあなたにたくさんの褒め言葉や感謝の言葉をかけてくれるようになるんです。
私は特に「ありがとう」の感謝の気持ちは日々、30回以上は伝えています。１つの事柄に対して３回です。
夫は本当に喜んでくれ、私にたくさん感謝の気持ちを伝えてくれるのでオススメです。

Mammy's theory 45

命は有限。大切な人にこそ、感謝の一言を伝えることを意識してみて！

結婚しても幸せになれない人

相手に負けたくないと肯定的な言葉を伝えない。

幸せな結婚をしている人

相手に「かっこいい」「好き」「ありがとう」を繰り返し伝える。

相手を信じる方法

私は、28歳の時に婚約者に5股されているので、なかなか男性を信じられませんでした。結婚前、その思い込みをどうやって払拭すればいいのか悩んでいた時に、幸せな結婚をしている奥様にインタビューできました。

私が「どうやって旦那様を信じているのですか」と聞くと、奥様は「たとえ何か過ちがあったとしても、私のところに戻ってくる自信はあるわね。なぜなら、私たちには固い絆があるから」と話されました。私はびっくりしたんです。意味がわかりませんでした。

でも、結婚した今ならわかります。旦那様と固い絆を持つ方法は、これまで私がお伝えしたことをやるのみです。私自身が今、実践していて、夫と本当に固い絆が持てている自信があるので間違いないです。

このような固い絆があれば、何が起ころうが、最終的には、私が彼にとっての唯一無二な存在だから戻ってくるという自信があるし、また仮に万が一、彼が私と別に生きる選択をしても、私は動じない気がしています（何年かは相手を失った悲しみに浸るかもしれませんが)。

私は私を愛しているし、夫を愛しているからです。

だから、相手を信じるには、まず相手と固い絆を結ぶことを意識する。それは、自己開示し、お互いの考えを共有して、相手事を自分事としてとらえていった先にあります。

そのうえで、自分が自分と結婚していること、自分が自分を信じていることを思い出す。自分には自分がいるから大丈夫だと安心すると、相手のことも相手の人生も信じられます。別に相手が自分を裏切っても裏切らなくてもどっちでもいいという心境になっていきます。それが、本当の意味での、「相手を信じる」ということなのかもしれません。

また、量子力学の観点からお話しすると、自分の思い込み、信念がこの世界を作る、といわれています。だから、「この人は私を裏切る」と思えば、相手が自分を裏切る世界が作り出されるでしょうし、「この人は私をずっと愛してくれる」と思えば、相手が自分をずっと愛してくれる世界が作り出されるのだと思います。

自分がどんな世界を思い描いて、どんなふうに生きたいかを常に意識するのは本当に大事です。

そんな考え方があるのね、じゃあ、「相手を疑う、相手が裏切る」世界より「相手を疑わない、相手を信じる」世界を意識してみようか、くらいの考え方でいてくださいね。

Mammy's theory 46

まずは相手を信じる！
あなたにはあなたがいるから、
たとえ裏切られても大丈夫。

結婚しても幸せになれない人

常に相手に対して猜疑心を持っている。

幸せな結婚をしている人

相手と固い絆を結んで、自分も相手も信じている。

夫婦仲が劇的に良くなるノートの書き方

これも、幸せな結婚生活を送っているご夫婦から教えてもらったことです。
特にパートナーと喧嘩した時にオススメの方法です。

①自分の感情のおもむくままに、今の思いをノートに書いて発散
例：本当に腹が立つ！　あんな言い方はない！

②人、物事についての自分の価値観を書く
例：何かをしたら、相手もやるのがあたり前と思っている

③相手の立場も少し考えてみる
例：忙しい時期だから疲れてるのかも

自分の気持ちを相手に受け止めてもらうのをいったんやめて、自分が自分の気持ちを受け止めるのです。

結局、自分はこんなにやってるのに、相手が同等のエネルギーじゃないから、自分は苦しいんですよ、悲しいんですよ。その気持ちをまずは自分で受け止めてほしいのです。そうすると、心が少し楽になって、相手のことも少し考えられたり、本当に今自分が持っている価値観が必要か否か気づくきっかけにもなります。

そして、最後に、

④パートナーの理想の状態を書きます。

例：私のパートナーは、私の気持ちを理解してくれる
　私のパートナーは、私を一番に愛してくれる
　私のパートナーは、そのままの私を受け入れてくれる

ポイントは、夫は、旦那はと書かないこと。「私のパートナーは」と書いていくこと。特定の名前を書いてしまうと、その人がそうならなかったらどうしようというおそれや

執着が出てくるからです。
でも、どうしても、パートナーが④の状態にならないというのであれば、まずは自分が自分に④をやっていく！

案外、パートナーにしてもらいたいことが、自分が自分にしてもらいたいことだったりしますから。

Mammy's theory 47

ノートに書き出すだけで、心がスッキリして整理される。

結婚しても幸せになれない人

相手への不満を自分の中にどんどん溜めていく。

幸せな結婚をしている人

相手への不満は紙に書き出し、相手にしてもらいたいことを自分が自分にやる。

一人でも幸せ、二人ならもっと幸せ

ここまで読んで、あなたはまだ男性に幸せにしてもらいたいと思っていますか？

逆に、あなたが男性だったら、このような女性をどう思いますか。自分にぶら下がるばかりで、幸せにしてもらうことしか考えられない女性。そんな女性と結婚して、生活を共にしたいと思いますか？

幸せな結婚生活を送っているご夫婦、皆さん口を揃えておっしゃっているのが、

「お互い、精神的に自立しているからこそ、うまくやっていけている」です。

どちらかがどちらかに寄りかかっていたり、依存していると、相手のことが面倒くさくなって重たくなってしまうのだそう。そもそも、そのような相手をパートナーに選ばないのだそう。

「精神的に自立している」「自分の機嫌は自分で取る」「自分一人でも幸せを感じられる」

これらが幸せな結婚生活を送っていくうえで本当に重要になってきます。

だって、男性からすると、仕事で疲れて家に帰って来たのに、ふてくされた妻の機嫌を取らなくてはならない状況って、もう悪夢ですよね。

こっちは疲れてるのに、なんだよ、その顔は。そんな顔でいられたら、こっちまで気分が滅入るし、仕事にも影響が出てくる。全くメリットがない。

そう思えば、旦那様は家に帰ってくるのが苦痛になってきます。

逆に、自分の機嫌は自分で取る、旦那様に幸せにしてもらおうとせずに、まずは自分で幸せを感じられている女性は、旦那様が家に帰ってきた時には、幸せルンルン状態。

「今日、仕事大変だった？　今日はどんないいことがあったの？」と楽しく話すことができるから、旦那様は家でリラックスした気持ちで充電でき、「やっぱり、この女性と結婚して良かったな」と思ってくれます。良好なパートナーシップとは、男性も女性も自立していることが必須条件。


では、最後に、自分の機嫌を取るとっておきの方法をお伝えしますね。それは、

自分で自分の頭を撫でる。

ラッキーなことがあった時は、「良かったね。よくやったね」イヤなことがあった時は、「辛いよね。よく頑張ってるよ」と自分の頭を撫でてあげるのです。

私には私がいるから大丈夫。そんなふうに自分で自分を幸せにすることができれば、精神的に自立できます。

1人でも幸せ、2人でいると、もっと幸せ。そんなスタンスが、幸せな結婚生活を送るポイントです。

Mammy's theory 48

ここぞという時には、
思い切り頼ろう！
そして、頼られよう！

結婚しても幸せになれない人

相手に依存し、相手に幸せにしてもらおうというスタンス。

幸せな結婚をしている人

精神的に自立して、自分の機嫌は自分で取れる。

エピローグ

最後まで読んでいただき、本当にありがとうございました。

10年間婚活に苦しんだ私が、最後に行き着いた先は、どんな私も愛するでした。

婚活本や恋愛本を何冊も読み耽っていると、「もっと自分を磨かないと」「もっと料理を勉強しないと」「もっとダイエットして痩せないと」などなど、自分のイケていないところを直視し、絶望して、そこを補うためにはどうすればいいのかとなりがちですが、私の決意は、「イケていないところを含めて、自分を愛そう！」でした。

彼氏や夫、子どもがいなくても、家族や友人がいて仕事もある自分がいるわけで、「独身でも、自分を楽しんでいれば、最高の人生になる！」と思えた時に、夫と出会いました。

今、婚活アドバイザーとして、たくさんの女性の悩みを聞いていて、「なぜ、結婚していない自分をダメだと思うの？」と、よく感じます。

なぜ、ダメなのでしょう？　世間の評価に惑わされているだけなのではないでしょうか？

まずは、結婚していない自分を認めることから、婚活をスタートさせてほしいです。

本書は、10年間、不幸探しをしていた私だからこそ伝えられる、自分を幸せにする方法、自分を愛する方法の数々です。

「目の前の人との時間を大切に」

この言葉は、私の大学時代の友人で、恋人を不慮の交通事故で亡くした女性の言葉です。

彼女は、当時お付き合いしていた彼氏に、会えない寂しさを電話で訴え、早く自分の元に来てほしいと頼みました。そして、急いで彼女の元に向かおうした彼は車でカーブを曲がりきれず、事故に遭ってしまったのです。

知らせを聞いて、私はすぐに彼女の元に向かいました。

「私が悪かった。私が彼を急がせなければ良かった。彼にも彼の両親にも申し訳ない。ごめんなさい」

泣き叫んでいる彼女を慰める言葉が何も見つからず、私はそばにいることしかできませんでした。

その後、少し落ち着いた彼女が私に言ったことは、「マミィ、目の前の人との時間を大切にして。お願いだからそうして」でした。

最近、彼女のこの言葉を思い出します。私たちは、目の前の人との時間は永久に続いていくと錯覚してしまいがちですが、決してそうではない。私たちの肉体はいつか滅びます。そして、いつ滅びるかなんて誰にもわからない。だからこそ、目の前の人との、この瞬間を大切にしたい。

うまくいっていないことばかりに気をとられて、目の前の大切な瞬間を無駄にしないで。私は、過去の私にもあなたにもそう伝えたい。

今、幸せを感じることが未来の幸せにつながります。エネルギーの法則で、放った感情が返ってくる世界だから。

あなた自身の魂を光り輝かせながら、あなたが毎日を楽しく幸せに生きていくために、本書が少しでもお役に立てれば、著者としてこれほどうれしいことはありません。

私はいつでもあなたを応援しています。本書を通して繰り返し伝えてきたこと、自分が自分を幸せにするということをいつも心にとめておいてほしい。そんな思いから、あなたに必要な言葉をマミィメルマガからお届けしたいと思います。このQRコードから登録いただければ、マインドが継続して幸せな結婚ができる言葉を定期的にお送りします。

最後に、こうして出版できたのは、安田社長、編集の小松様をはじめとする評言社の皆様、惜しみないエネルギーと時間をかけてコンサルしてくださった星 渉さんの大きなサポートがあったからです。また、愛する夫、息子、親、親戚、そしてHAPPY婚講座生、ブログ読者様、SNSの友達、たくさんの方々の応援がなかったら、出版は叶いませんでした。心から感謝の気持ちを伝えたいと思います。

そして、これまで私に出会ってくださった方々、私と私の本にこれから出会ってくださる方々にも。

心いっぱいの愛と感謝を込めて。

マミィ

著者プロフィール

マミィ（福本真美）

婚活させない婚活アドバイザー
HAPPY 婚講座 & 美ボイストレーニング主宰
Hyper Up 合同会社代表

20 代の時に、舞台女優から歌手、ボイストレーナーに転身。
プライベートでは 28 歳の時に婚約破棄になり、そこから闇の婚活時代へ。
10 年以上の婚活経験を経て、39 歳の時に結婚。翌年には出産。
妊娠中から婚活アドバイザーとしての活動を始める。20 代から 50 代の女性に幅広く支持され、始めた当初から個人セッションの申し込みが止まらず、常に満席状態。海外・全国各地からのセッションオファー多数。
7 期まで続いている 3 か月継続プログラム HAPPY 婚講座では、講座開始 30 日で彼氏ができて 2 週間後にプロポーズされるなど、驚きの実績を上げている。
現在、12 年間のべ 2 万人へのボイストレーニング経験を活かして、女性のためのボイストレーニング講座も開催。

マミィ オフィシャルサイト
Blog　https://ameblo.jp/mammyhappy/
HP　https://mami-happy.com/
Instagram　@mammyhappy777

10年婚活理論 ～4か月で結婚するか？ 10年後も独身のままか？～

2019年11月22日　初版　第1刷　発行
2020年 2月14日　　　　第2刷　発行

著　者　　マミィ（福本 真美）
編集協力　伊集院 尚子（株式会社 STAR CREATIONS）
装幀・本文デザイン　小松 利光（PINE）
発行者　　安田 喜根
発行所　　株式会社 評言社
　　　　　東京都千代田区神田小川町 2-3-13 M&C ビル 3 F（〒 101-0052）
　　　　　TEL 03-5280-2550（代表）
　　　　　http://www.hyogensha.co.jp
印 刷　　中央精版印刷株式会社

©Mammy 2019, Printed in Japan
ISBN978-4-8282-0707-0　C0095
定価はカバーに表示してあります。
落丁本・乱丁本の場合はお取り替えいたします。